Dr. Oetker

GRUND
BACK
BUCH

Dr. Oetker

GRUND BACK BUCH

Dr. Oetker Verlag

Vorwort

Bekomme ich den leckeren Käsekuchen genauso gut hin wie meine Mutter oder den Nusskuchen wie meine Großmutter?
Gern würde ich die Beiden auch einmal mit einer erfrischenden Apfeltarte überraschen.

Wenn Sie diese Gedanken schon eine Weile Zeit mit sich herumtragen, dann ist es an der Zeit, mit unserem Grundbackbuch die ersten Back-Schritte zu gehen.

Klassische Lieblingsrezepte wie der Streuselkuchen aus Hefeteig und einfache Torten wie die Erdbeer-Schmand-Torte aus schnellem All-in-Teig werden Schritt für Schritt erklärt und mit Phasenbildern verdeutlicht.

Ebenso leicht gelingen Ihnen Mandarinen-Krokant-Muffins, Choco-Cookies und Waffeln, die bei Groß und Klein beliebt sind und schnell von der Hand in den Mund verschwinden.

Des Weiteren überzeugen Sie mit frisch gebackenem Ciabatta und lauwarmem Zwiebelkuchen auch die Genießer von knusprigem Brot und pikantem Gebäck von Ihrer neuen Backleidenschaft.

Tipps und Abwandlungen erleichtern Ihnen die Zubereitung der Rezepte und sorgen für Abwechslung. Wenn Sie Fragen haben, dann finden Sie in den Ratgeberseiten Unterstützung.

Alle Rezepte wurden von uns nachgebacken und sind so beschrieben, dass sie Ihnen sicher gelingen.

Kleingebäck

Plätzchen und Kekse

Brot und Brötchen

Herzhaftes Gebackenes

Ratgeber

Allgemeine Hinweise zum Buch

Bevor Sie mit dem Backen beginnen, möchten wir Ihnen einige Ratschläge mit auf den Weg geben.

Vorbereitung
Lesen Sie das Rezept vor der Zubereitung – besser noch vor dem Einkaufen – einmal gut durch. Vieles wird klarer, wenn Sie die Zusammenhänge verstehen.

Zubereitungszeit
Die bei den Rezepten angegebene Zubereitungszeit dient Ihrer Orientierung – sie ist lediglich ein Richtwert und abhängig von Ihrer Erfahrung. Die Zubereitungszeit beinhaltet nur die Zeit, die Sie für die tatsächliche Zubereitung benötigen.

Kühl- oder Abkühlzeiten, Durchzieh- und Teiggehzeiten sind nur dann in der Zubereitungszeit mit enthalten, wenn parallel dazu andere Arbeitsschritte erfolgen. Die Backzeit ist gesondert ausgewiesen.

Backtemperatur und Backzeit
Die in den Rezepten angegebenen Backtemperaturen und Backzeiten sind Richtwerte, die je nach individueller Hitzeleistung des Backofens über- oder unterschritten werden können.

Die Temperaturangaben in diesem Buch beziehen sich auf Elektrobacköfen. Die Temperatureinstellmöglichkeiten für Gasbacköfen variieren je nach Hersteller, sodass wir keine allgemeingültigen Angaben machen können.

Bitte beachten Sie deshalb bei der Einstellung des Backofens die Gebrauchsanleitung des Herstellers. Wir empfehlen, die Backöfen grundsätzlich vorzuheizen und die Teige bzw. Kuchen erst in den Ofen zu schieben, wenn der Backofen die im Rezept angegebene Temperatur erreicht hat. Letzte Sicherheit, ob Ihr Backgut fertig ist, gibt Ihnen die Garprobe nach Beendigung der angegebenen Backzeit.

Nährwerte
Die Nährwerte sind auf die in den Rezepten angegebenen Stückmengen oder, wenn keine genauen Stückangaben möglich sind, auf die Gesamtangaben bezogen.

Abkürzungen

EL	=	Esslöffel
TL	=	Teelöffel
Msp.	=	Messerspitze
Pck.	=	Packung/ Päckchen
g	=	Gramm
kg	=	Kilogramm
ml	=	Milliliter
l	=	Liter
Min.	=	Minuten
Std.	=	Stunden
evtl.	=	eventuell
geh.	=	gehäuft
gestr.	=	gestrichen
TK	=	Tiefkühlprodukt
°C	=	Grad Celsius
Ø	=	Durchmesser
E	=	Eiweiß
F	=	Fett
Kh	=	Kohlenhydrate
kJ	=	Kilojoule
kcal	=	Kilokalorien
BE	=	Broteinheiten

Deutsche/österreichische Bezeichnungen

Aprikose	–	Marille
Baiser	–	Meringe
Eigelb	–	Eidotter
Eiweiß	–	Eiklar
Hefe	–	Germ
Hefevorteig	–	Dampfl
Hörnchen	–	Kipferl
Johannisbeere	–	Ribisel
Kompott/ gedünstetes Obst	–	Röster
Löffelbiskuit	–	Biskotten
Pflaumenmus	–	Powidl
Quark	–	Topfen
Puderzucker	–	Staubzucker
Saure Sahne	–	Sauerrahm
Sahne/Schlagsahne	–	Obers/Schlagobers
Sauerkirsche/ Schattenmorelle	–	Weichsel
Schmand	–	Sauerrahm mit 24 % Fett, kann durch Crème fraîche ersetzt werden
Walnüsse	–	Baumnüsse

Backzutaten

Frische und einwandfreie Zutaten sichern die Qualität von Selbstgebackenem. Zu lange gelagerte und minderwertige Zutaten können das ganze Gebäck verderben.

Auch Schädlinge mögen Backzutaten
Backzutaten, die nur selten gebraucht werden und meist hinten im Schrank stehen, bieten ideale Lebensbedingungen für Motten, Milben und Käfer. Wenn Sie keine krabbelnde Überraschung erleben und Gesundheitsgefahren meiden möchten, sollten Sie Ihre Backzutaten regelmäßig überprüfen. Halten Sie Ihre Schränke sauber und lagern Sie Ihre Backzutaten kühl und trocken, am besten in fest verschließbaren Gefäßen. Im Verdachtsfall werfen Sie Produkte lieber weg.

Mehle, Fette, Zucker und Eier – ohne diese Backzutaten geht meist nichts

Mehl – garantiert den Backerfolg

Ob Waffeln, Kuchen, Plätzchen oder Quiche – nichts geht ohne Mehl. Bei der Vielfalt an Mehlsorten stellt sich die Frage:
Welches Mehl für welches Backwerk? Seien Sie unbesorgt. Mit dem klassischen 405er liegen Sie beim Backen immer richtig. Aber auch die anderen Mehltypen haben ihre Vorteile und spezielle Verwendungsmöglichkeiten.

Backstarke Mehltypen
Die Typenbezeichnung eines Mehls ist abhängig vom Ausmahlungsgrad. Je höher die Typenzahl desto höher die Anteile an Randschichten des Korns und desto dunkler ist das Mehl. Vollkornmehle bestehen aus dem ganzen vermahlenen Korn. Vollkornmehle sind daher dunkler als Auszugsmehle und tragen genau wie Vollkornschrote keine Typenbezeichnungen.
Weizenmehl Type 405 – ist das beliebteste Haushalts- und Kuchenmehl. Es ist sehr fein und wird wegen seiner guten Backeigenschaften mit großem Abstand am häufigsten verwendet.
Weizenmehl Type 550 – auch diese Mehlsorte eignet sich gut für lockere, gut aufgehende Teige, wie Hefeteige. Neben Kuchen und Gebäck gelingen auch helle Brotsorten und Brötchen besonders gut.

Weizenmehl Type 1050 – liegt etwa in der Mitte zum Vollkornmehl und ist merklich dunkler. Da es von intensiverem Geschmack ist, eignet es sich gut für herzhaftes Backen und Brote.
Weizenvollkornmehl – enthält alle hochwertigen Bestandteile des ganzen Korns, wird aber mehlfein vermahlen. Es lässt sich auch gut mit hellen Mehlen mischen – das erhöht die Backfähigkeit.
Dinkelmehl – wird auch als Urweizen bezeichnet und wie Weizenmehl verarbeitet, da es ähnliche Backeigenschaften hat. Zum Backen eignet sich die Type 630 am besten.
Roggenmehl Type 1150 – findet hauptsächlich beim Brotbacken Verwendung. Aber auch als Mischung von Weizen- und Roggenmehl lassen sich geschmacklich interessante Ergebnisse erzielen.
Vollkornmehle – sind nicht für alle Gebäcke geeignet und können auch nicht ohne weiteres im Rezept das Weißmehl ersetzen. Vollkornmehle brauchen mehr Flüssigkeit und ihre Backfähigkeit ist geringer. Ihr Backwerk könnte dadurch zu trocken und fest werden.

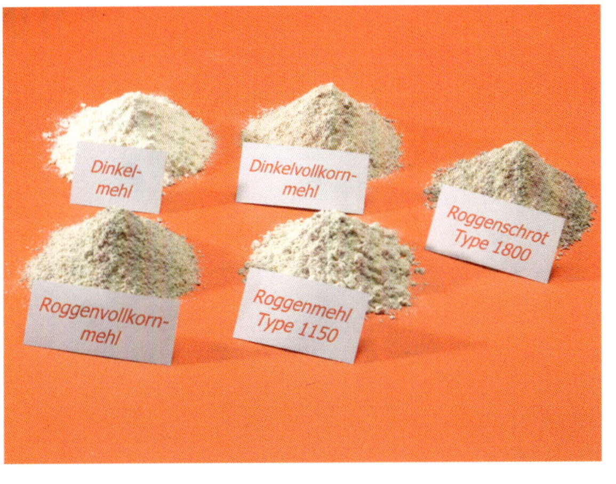

Fettige Talente – Butter & Co.

Ohne Fett gelingt fast nichts. Mit Ausnahme von Biskuitteig gibt es keinen Teig, der ohne Fett auskommt. Und das aus guten Backgründen. Fett erfüllt viele Aufgaben: der Teig wird geschmeidig, das Gebäck saftig und alles bleibt länger frisch.
Fett kann aber noch mehr. Am gefetteten Blech oder der Form bleibt so schnell nichts hängen.
Ob Sie Butter, Margarine oder beides vermischt verwenden – beides geht. Das empfohlene Fett wird im Rezept zuerst genannt.
Butter – verleiht Kuchen und Gebäck ein feines Aroma und sorgt für den unvergleichlichen Geschmack. Da sie bei der Aufbewahrung im Kühlschrank eine sehr feste Konsistenz hat, sollten Sie die Butter rechtzeitig herausnehmen. Hat die Butter Zimmertemperatur, dann lässt sie sich leicht geschmeidig rühren und verteilen.
Margarine – wird vorwiegend aus pflanzlichen Fetten hergestellt. Zum Backen sollten Sie nur Margarine verwenden, die laut Verpackungsaufschrift auch dafür geeignet ist. Margarine bleibt auch im Kühlschrank streichfähig und geschmeidig. Sie verbindet sich gut mit den übrigen Backzutaten und lässt sich leicht unterrühren.
Speiseöl – wird bei der Zubereitung von Quark-Öl-Teig oder teilweise auch bei Hefeteig, Schüttelteig oder All-in-Teig verwendet. Um den Geschmack der einzelnen Gebäcksorten nicht einseitig zu beeinflussen, ist es empfehlenswert, geschmacksneutrale Öle (z.B. Sonnenblumenöl oder Maiskeimöl) zu verwenden.

Zucker – die süße Verführung

Zucker ist nicht nur für den süßen Geschmack wichtig, sondern bewirkt beim Backen eine gleichmäßig gebräunte Oberfläche des Gebäcks.

Zuckersorten

Raffinade – der übliche Haushaltszucker ist als weißer Streuzucker in verschiedenen Körnungen erhältlich und gut zum Backen geeignet.
Hagelzucker – grober, weißer Zucker, der sich gut zum Bestreuen von Gebäck eignet.
Puderzucker – staubfein gemahlene Raffinade für Glasuren und zur Dekoration von Torten und Gebäck.
Grümmel – grob gestoßener, brauner Kandis, sehr aromatisch im Geschmack. Er wird bevorzugt zum Backen von Honigkuchen, Lebkuchen und Printen verwendet.
Brauner Zucker – ist eine Sammelbezeichnung für Zucker von bräunlicher Farbe (z.B. Rohrzucker oder Kandisfarin).

Eier – die Frische ist wichtig

Wichtig ist, auf das Legedatum oder die Mindesthaltbarkeit der Eier zu schauen – sie sollten zum Backen nicht älter als 1 bis 2 Wochen sein. Wenn Sie unsicher sind, ob ein Ei frisch ist, geben Sie es in ein Glas mit Wasser: ganz frisch ist es, wenn es flach am Boden liegt, ein paar Tage alt, wenn sich die Spitze leicht nach oben hebt. Steht das Ei senkrecht im Wasser ist es 2 bis 3 Wochen alt und muss schnell verbraucht werden.

TIPP: Schlagen Sie jedes Ei einzeln in einer Tasse auf, um ein verdorbenes Ei aussortieren zu können und eventuelle Eierschalenstücke zu entfernen.

Hühnereier übernehmen drei wichtige Aufgaben für den Backerfolg.

1. Gemeinsam mit dem Mehl festigen sie die Krume des Backwerks.
2. Da das Eigelb sowohl wasser- als auch fettlöslich ist, werden alle Zutaten zu einem glatten Teig verbunden.
3. Das zu Eischnee geschlagene Eiweiß lockert bei der Zubereitung den Teig oder die Füllung.

Soweit nicht anders angegeben, verwenden Sie für alle Rezepte Eier der Größe M.

Eier trennen

Zum Trennen von Eigelb und Eiweiß schlagen Sie die Eier auf einer Kante auf und brechen die Schalen auseinander. Lassen Sie das Eigelb dann vorsichtig von einer Schalenhälfte in die andere gleiten. Dabei das Eiweiß in einem darunter stehenden Gefäß auffangen.

Folgende Zutaten kommen auch beim Backen zum Einsatz

Alkohol – verleiht Backwerk ein feines Aroma und eine besonders lockere Krume. Bei einigen Kuchen dient er auch als Triebmittel.
Backaromen – zu den in kleinen Glas-Ampullen oder Fläschchen angeboten Backaromen auf Ölbasis zählen z.B. Butter-Vanille-Aroma, Bittermandel-Aroma, Rum-Aroma und Zitronen-Aroma. Wenige Tropfen reichen zum Aromatisieren eines ganzen Teiges.
Backpulver – ist ein Teiglockerungsmittel. Im Teig entwickelt sich beim Backvorgang Kohlensäure, die den Teig aufgehen lässt und lockert.

Bourbon-Vanille-Zucker – echter Vanille-Zucker mit mindestens 5 % Mark der Vanilleschote.
Cranberries – sind etwas größer als die verwandten Preiselbeeren. Sie werden zum Backen meist getrocknet verwendet.
Finesse Geriebene Zitronenschale – geriebene Zitronenschale mit Traubenzucker stabilisiert. Verwendung wie unbehandelte Zitronenschale.
Finesse Natürliches Orangenschalen-Aroma – ist eine Mischung von geriebenen Orangenschalen und anderen Zitrusschalen mit natürlichem Orangenschalen-Aroma und Zucker. Verwendung wie unbehandelte Orangenschale.
Gelatine – ist ein Geliermittel, mit dessen Hilfe sich hervorragend Flüssigkeiten gelieren oder schnittfähig verfestigen lassen. Ideal also für Creme-, Sahne- oder Geleefüllungen. Gelatine wird als Blatt- oder Pulvergelatine angeboten.
Hefen – sind „lebende" Mikroorganismen. Hefe ist ein beliebtes Backtriebmittel, das den Teig elastisch macht, das Gebäck lockert und ihm seinen typischen Geschmack verleiht. Trockenbackhefe hält sich im Gegensatz zu frischer Hefe mehrere Monate.
Honig – gibt es in verschiedenen Geschmacksrichtungen in flüssiger und cremiger Konsistenz. Besonders beliebt ist Honig bei der Vollwert- und Weihnachtsbäckerei. Seine Süßkraft ist geringer als die von Zucker (100 g Honig = 80 g Zucker). Da Zucker zusätzlich auch lockert, sollten Sie ihn nicht ohne weiteres durch Honig ersetzen.
Kakaopulver – das Pulver der gemahlenen Kakaobohnen wird für die Herstellung dunkler Teige, z. B. Marmorkuchen benötigt. Verwenden Sie schwach entöltes Kakaopulver.
Kokosraspel – das aromatische, fein geraspelte Fruchtfleisch der Kokosnuss gibt Backwerk eine unverwechselbare Note. Die Raspel können schnell ranzig werden und sind nur begrenzt lagerfähig.
Korinthen – sind ungeschwefelte, getrocknete und kernlose griechische Weinbeeren. Ihr Fruchtgeschmack und Aroma sind intensiver als bei Rosinen.
Krokant – sind knusprige Stücke aus geschmolzenem, karamellisiertem Zucker mit mindestens 20 % Anteil an Nusskernen und/oder Mandeln.
Kuchenglasur – dunkle, braune und weiße Kuchenglasur gibt es abgepackt. Sie wird im heißen Wasserbad geschmolzen. Kuchenglasuren sind preiswerter und einfacher anzuwenden als Kuvertüre.
Kuvertüre – ist eine Schokoladenüberzugsmasse mit einem höheren Kakaobutteranteil als Schokolade. Sie wird beim Erwärmen dünnflüssiger, muss jedoch temperiert werden.
Mandeln – als Backzutat wird die Schalenfrucht des Mandelbaumes vielfältig angeboten: geschält, ungeschält, ganz, gehackt, gehobelt, gestiftelt oder gemahlen. Mandeln sind die Basis für Marzipan.
Marzipan-Rohmasse – wird aus süßen Mandeln, Zucker und Rosenwasser hergestellt. Zum Verfeinern von Teigen oder Füllungen sowie für Konfekt. Aus Marzipan lassen sich Garnierungen, wie Blätter oder Figuren formen.
Mohn – die schwarzen Samen der Mohnpflanze lassen sich für Füllungen oder als Teigzusatz verwenden. Mohn ist ganz oder als backfertige Mohnfüllung erhältlich.
Nusskerne (Haselnüsse, Walnüsse) – sind sehr proteinreich, enthalten viele Mineralstoffe und mehrfach ungesättigte Fettsäuren. Die Nüsse sind mit und ohne Schale erhältlich. Als Backzutat sind Haselnusskerne ganz, gehackt, gehobelt oder gemahlen erhältlich. Walnusskerne sind als ganze Kerne, gehackt oder gemahlen erhältlich. Nusskerne sind stark fetthaltig und können daher schnell ranzig werden.
Nougat – eine cremig feste Rohmasse aus geschälten Nuss- oder Mandelkernen, Zucker und Kakaoerzeugnissen. Nuss-Nougat ist dunkel, Mandel-Nougat hell. Als Teigzusatz für Kuchen- oder Tortenfüllungen kann er geschmolzen oder geschmeidig gerührt werden.
Orangeat – ist die kandierte Fruchtschale der Bitterorange, gewürfelt oder in halben Schalen erhältlich. Wird als Teigzusatz, z. B. für Christstollen und zum Garnieren verwendet.
Pistazien – ist die hellgrüne Schalenfrucht des Pistazienbaums. Pistazien werden beim Backen für Füllungen, Teige und Garnierungen ganz, gehackt oder gemahlen verwendet.
Quark (Topfen) – Mager-, Speise- oder Sahnequark wird für Füllungen von Kuchen und Torten aber auch als Teigzutat, z. B. für Quark-Öl-Teig verwendet.
Rosinen (Sultaninen) – getrocknete, kernlose Trauben verschiedener Weinreben. Geschwefelt oder ungeschwefelt erhältlich. Geeignet für Teige, Füllungen und Garnierungen.
Sahnesteif – Pulver aus pflanzlichen Stärkeprodukten, dass während des Schlagens der Sahne beigegeben wird. Es hält die Sahne länger steif und verhindert vor allem das Absetzen von Flüssigkeit.
Schokolade – Vollmilch-, Zartbitter- und Edelbitter-Schokolade wird als Zutat im Gebäck oder für Überzüge verwendet.
Sonnenblumenkerne – die Samen der Sonnenblume sind sehr ölhaltig und werden gern zum Backen von Brot und Brötchen verwendet. Die Kerne gibt es mit und ohne Schale, pur, geröstet oder gesalzen.

Speisestärke – Mais- oder Kartoffelstärke ist ein Bindemittel. Als geschmacks- und geruchsneutrale Backzutat gibt es lockerem Teig Festigkeit, macht Gebäck schön mürbe und sorgt für eine feine Krume.
Tortenguss – ist in Päckchen abgepacktes pflanzliches Verdickungsmittel, das mit Wasser, Fruchtsaft oder Wein angerührt wird. Tortenguss wird direkt nach dem Aufkochen in flüssigem Zustand über den Obstbelag von Kuchen und Torten gegeben, wo er durch Erkalten erstarrt. Er ist transparent klar oder rot, gezuckert und ungezuckert erhältlich.
Vanillin-Zucker – ist eine Mischung aus Zucker und Vanillin und eine günstige Alternative zu echtem Vanille-Zucker.
Zitronat (Sukkade) – kandierte Fruchtschale der Zitronat-Zitrone, auch als Sukkade bezeichnet. Zitronat wird gewürfelt oder als halbe Schalen angeboten und als Teigzusatz oder zum Garnieren verwendet.
Zitronensaft – durch Auspressen ausgereifter Zitronen gewonnener Saft mit hohem Vitamin C-Gehalt.
Zuckerstreusel – bunt gemischte, kleinste Zuckerstäbchen zum Garnieren von Kuchen und Gebäck.

Die Grundteige

Für welches Rezept Sie sich in diesem Buch entscheiden: Auf den Teig kommt es an – denn gewusst wie, haben Sie die Teige schon bald fest im Griff.

Rührteig – einfach gut

Geht fix und gelingt: Für einen Rührteig verrühren Sie nacheinander Fett, Zucker, Eier, Mehl und Backpulver wie im Rezept angegeben. Und schon geht's ab in die Form. Natürlich können Sie Rührteig mit einer Vielzahl von Zutaten aufpeppen. Probieren Sie unsere Rezepte oder machen Sie Ihre eigenen Erfahrungen, z. B. mit Aromen, Kakaopulver, Schokostücken und Früchten.
Das Backen in der Form: Rührteig müssen Sie sofort nach der Zubereitung backen, da das Backpulver sofort zu wirken beginnt.
Füllen Sie den Teig in die gefettete, evtl. auch gemehlte Kuchenform und schieben die Form auf dem Rost in den Backofen.
Nach Beendigung der angegebenen Backzeit machen Sie am besten zunächst eine Garprobe. Dafür stechen Sie mit einem Holzstäbchen in die dickste Stelle des Kuchens. Ist das Stäbchen trocken und haftet kein Teig daran, ist Ihr Kuchen gar. Andernfalls verlängern Sie die Backzeit etwas und wiederholen die Garprobe.
Lassen Sie die Form nach dem Backen erst 10 Minuten auf einem Kuchenrost stehen. Anschließend können Sie den Kuchen auf einen Kuchenrost stürzen oder legen und erkalten lassen.

All-in-Teig – für Eilige

Selbst backen trotz vollem Terminplan? Das klappt ganz hervorragend mit diesem Teig. In nur wenigen Minuten haben Sie Ihren All-in-Teig fertig. Verwendet werden die gleichen Zutaten wie für Rührteig. Der einzige Unterschied besteht darin, dass alle Zutaten auf einmal miteinander verrührt werden und nicht nacheinander. Der All-in-Teig hat daher eine weniger lockere Porung als der Rührteig, ist aber für Teige ohne schwere Zutaten sehr gut geeignet.

Biskuitteig – luftig leicht

Biskuitteig entsteht aus einer locker aufgeschlagenen Eier-Zucker-Masse und Mehl.
Gebäck aus Biskuitteig hat eine lockere Krume und eignet sich daher sehr gut für Tortenböden und Rollen.
Das Backen von Biskuitteig: Fetten Sie den Boden der Springform oder das Backblech. Belegen Sie dann den Backformboden oder das Backblech mit Backpapier.

Tipp: Bei Springfomen wird der Springformrand nicht eingefettet, damit der Teig beim Backen am Rand Halt findet und sich keine Kuppel bildet.

Jetzt bereiten Sie den Teig wie im Rezept angegeben zu und füllen ihn in die Form.
Biskuitteig backen Sie sofort nach der Zubereitung, sonst fällt die luftige Masse zusammen. Bevor Sie das Biskuitgebäck aus dem Backofen nehmen, prüfen Sie, ob es gar ist. Dazu legen Sie kurz und leicht eine Hand flach auf den Biskuit. Garer Biskuit fühlt sich nicht mehr feucht, sondern weich und watteähnlich an. Unter leichtem Druck kommt die elastische Oberfläche wieder hoch. Wird Biskuit zu stark ausgebacken, wird er trocken und fest.
Lösen Sie den gebackenen Biskuitboden mit einem Messer vom Springformrand und nehmen Sie den Rand ab. Legen Sie Backpapier auf den Kuchenrost und stürzen Sie das Gebäck darauf. Den Springformboden entfernen und das Gebäck mit dem mitgebackenen Papier erkalten lassen. So gleicht sich auch eine mögliche Wölbung an der Oberfläche des Biskuitgebäcks wieder aus. Die Biskuitplatten vom Blech können Sie je nach Rezept direkt auf eine Arbeitsfläche oder auf einen mit Zucker bestreuten Backpapierbogen stürzen und darauf erkalten lassen.

Hefeteig – ganz flexibel
Kein Teig ist so schön weich und elastisch wie Hefeteig. Er ist darum auch so vielseitig einsetzbar. Ob daraus süßes oder herzhaftes Gebäck entsteht, es schmeckt frisch am besten.
Hefekulturen machen den Teig so locker und geben ihm seinen unverwechselbaren Geschmack. Erst durch Wärme entwickelt Hefe ihre optimale Triebkraft. Das lange Kneten des Hefeteiges bewirkt eine besonders gute Verbindung aller Zutaten untereinander und eine feine Porung.
Hefeteig besteht aus Mehl, Hefe, Fett, Zucker, evtl. Ei und warmer Flüssigkeit. Er eignet sich sehr gut für Blechkuchen, Kleingebäck und Gebäckstücke wie Striezel oder Zöpfe sowie für Brot und Brötchen.
Trockenbackhefe: Die Päckchen mit Trockenbackhefe finden Sie im Regal bei den Backzutaten. Das Backen mit Trockenbackhefe ist deshalb so praktisch, weil es keine besonderen Vorarbeiten erfordert.
Das Backen von Hefeteig: Nachdem der Hefeteig zweimal aufgegangen ist, kann er sofort in den Backofen.
Blechkuchen stellen Sie zum Erkalten auf einen Kuchenrost. Kleingebäck, Striezel usw. nehmen Sie vom Backblech und lassen diese auf einem Kuchenrost erkalten.

Knetteig – schön mürbe
Ein Knetteig, auch als Mürbeteig bekannt, besteht aus Mehl, Zucker, Fett und evtl. Ei. Der Teig lässt sich gut ausrollen und eignet sich daher sehr gut für Gebäckplatten oder zum Auslegen von Formen. Aber auch dünne Gebäcke wie Plätzchen gelingen hervorragend. Da er keine Krume bildet, also relativ fest bleibt, wird er nach dem Backen mürbe.
Ausrollen des Teiges: Bevor Sie den Teig ausrollen, sollten Sie die Arbeitsfläche gründlich von Teigresten reinigen und sie gleichmäßig leicht bemehlen. Den kalt gestellten Teig vorher kurz mit den Händen noch einmal durchkneten. Zum Ausrollen mit der Teigrolle leicht über den Teig gehen, nicht zu stark drücken. Richtig ist es, wenn sich die Teigrolle dabei dreht. Ab und zu sollten Sie mit einem großen Messer unter dem Teig herstreichen und ihn lösen, falls er irgendwo kleben sollte. Alternativ zu der bemehlten Arbeitsfläche kann der Teig zwischen zwei Lagen Frischhaltefolie oder einem aufgeschnittenen Gefrierbeutel ausgerollt werden. Sollte der Teig während des Ausrollens wieder klebrig werden, stellen Sie ihn erneut in Frischhaltefolie gewickelt kalt. Dadurch verfestigt sich das im Teig enthaltene Fett und der Teig klebt nicht mehr. Für Plätzchen reicht es, den Teig portionsweise auszurollen.
Das Backen von Knetteig: Backen Sie den Knetteig nach den Angaben im Rezept. Dann lösen Sie das Gebäck sofort aus der Form oder nehmen bzw. ziehen es mit dem Backpapier vom Backblech. Knetteigböden in Springformen sofort nach dem Backen vom Springformboden lösen, aber darauf erkalten lassen, damit sie nicht zerbrechen und sich nicht verformen. Beim Auskühlen sollte das Gebäck nicht übereinanderliegen, damit es sich nicht verformt. Frisch gebackener, warmer Knetteig ist weich. Er wird erst knusprig und mürbe, wenn er von allen Seiten – auch von unten – gut auskühlen konnte.

Quark-Öl-Teig – geschmeidig und schnell
Die Kombination von Quark und Öl gibt diesem Teig die besondere Konsistenz, die dem Hefeteig sehr ähnlich ist. Ohne dass der Teig gehen muss, wird daraus lockeres Gebäck, das frisch herrlich schmeckt. Der Teig besteht aus Mehl, Backpulver, Speisequark, Öl, Zucker, Milch und/oder Ei. Er eignet sich ebenso gut wie Hefeteig für Blechkuchen, aber auch für Kleingebäck.
Das Backen von Quark-Öl-Teig: Backen Sie Quark-Öl-Teig nach den Angaben im Rezept. Danach nehmen Sie das Gebäck sofort aus der Form oder vom Backblech und legen es zum Auskühlen auf einen Kuchenrost.
Gebäck aus Quark-Öl-Teig sollte möglichst frisch gegessen werden, da es am nächsten Tag schon leicht trocken ist.

Küchengeräte, Backformen & Backofen

Pinsel, Form und Waage – Geräte zum Backen
Auf Schätzungen „Pi mal Auge" sollten Sie beim Backen besser verzichten. Ganz wichtig für Ihren Backerfolg ist die genaue Einhaltung der im Rezept vorgegebenen Proportionen. Dabei helfen Ihnen die richtigen Maßgefäße und Schüsseln. Viele empfohlene Geräte werden Sie schon bald als unentbehrliche Küchenhelfer schätzen. Mit folgender Küchenausstattung können Sie backen, backen, backen:

Hoch hinaus oder flach weg – die Backformen
Für die Rezepte in diesem Buch benötigen Sie diese klassischen Formen:
1 Backblech (30 x 40 cm), 1 Springform (Ø 26 cm), 1 Muffinform für 12 Muffins, 1 Gugelhupfform (Ø 24 cm), 1 Tarteform (Ø 26–28 cm), beschichtet oder aus Porzellan und 1 Kastenform zum Brotbacken (30 x 11 cm).

Darüber hinaus gibt es eine Vielzahl weiterer Backformen für Feiertage, Feste, spezielles Gebäck und Kleingebäck. Für kleine Haushalte eignen sich Formen in Miniausführung.

Für das Backen der verschiedenen Teige und für das optimale Gelingen der Gebäcke ist das Material der verwendeten Backform mitentscheidend. Aber auch das vorhandene Herdsystem sollten Sie beim Kauf von Backformen berücksichtigen.

- Schwarzblechformen haben eine gute Wärmeleitfähigkeit, Antihaftwirkung und sind säurebeständig. Sie sind ideal für Elektro- und Heißluftherde.
- Weißblechformen eignen sich eher für Gasbacköfen, sind aber nicht säurebeständig.

Die zeitgemäße Antihaft-Beschichtung der Weiß- und Schwarzblechformen sorgt dafür, dass sich die Gebäcke leichter aus der Form lösen.

- Emaille-Backformen verfügen meistens über eine Quarz-Emaille-Beschichtung. Sie sind schnitt- und kratzfest, absolut fruchtsäurebeständig und zeigen sehr gute Antihaftwirkung. Gebäck bräunt darin gleichmäßig und intensiv.
- Keramikformen speichern die Hitze zunächst und geben sie erst dann an das Backgut weiter. Keramikformen sind in allen Herdarten einsetzbar. Die Formen gut fetten und mit Semmelbröseln ausstreuen.
- Silikonformen, die flexiblen Backformen lassen sich platzsparend verstauen und sind spülmaschinenfest. Auch sie sind für alle Herdarten geeignet.

Die unentbehrlichen Backhelfer

Ausstechförmchen: Für Plätzchen oder zum Garnieren.
Backpapier: Damit nichts kleben bleibt. Bleche und Formen werden damit ausgelegt.
Backpinsel: Zum Fetten von Backformen und Backblechen, Bestreichen von Gebäck und Auftragen von Glasuren. Silikonpinsel sind für viele Aufgaben nicht fein genug.
Edelstahlschüssel: Das Material ist wärmeleitend. Ein Exemplar, z. B. für Schokolade, die im Wasserbad geschmolzen oder bearbeitet werden muss, ist nützlich.
Feines Sieb: Zum Bestäuben mit Kakaopulver, Puderzucker oder zum Abtropfen.
Handrührgerät: Es mixt, rührt oder knetet. Mit den Rührbesen oder Knethaken können Sie jeden Teig zubereiten. Zur Grundausstattung eines Handrührgerätes gehören zwei Rührbesen, zwei Knethaken und je nach Gerät ein Pürierstab.
Kochtopf: Benötigen Sie für Zutaten, die gekocht bzw. erhitzt werden müssen.
Kuchenrost: Nach dem Backen wird das Backwerk auf das Metallgitter zum Auskühlen gesetzt.
Küchenschere: Zum Zurechtschneiden von Backpapier.
Küchentimer (Küchenwecker): Zum Einhalten der Rühr- und Backzeiten.
Litermaß: Zum Abmessen von Flüssigkeiten.
Reibe: Zum Abreiben von Zitronenschale oder Schokolade.
Rührlöffel: Gut verrührt gelingt alles besser.
Rührschüssel: Zwei Größen reichen. Eine 3–4-Liter-Schüssel für den Teig und einen schmalen, hohen Becher zum Schlagen von Sahne oder Eischnee. Achten Sie auf gute Qualität und auf den Gummiring an der Unterseite, damit nichts wegrutschen kann.
Schneebesen: Ideal zum Vermischen von Mehl, Speisestärke und Backpulver, Schlagen von Eiern und Cremes oder zum Unterheben von Eischnee und geschlagener Sahne.
Schneidbrett: Zum Schneiden und Bearbeiten der Zutaten.
Sparschäler: Für das Schälen von Äpfeln und das Schaben von Schokospänen.
Spritzbeutel mit Sterntülle: Zum Verzieren mit Sahne oder für Spritzgebäck.

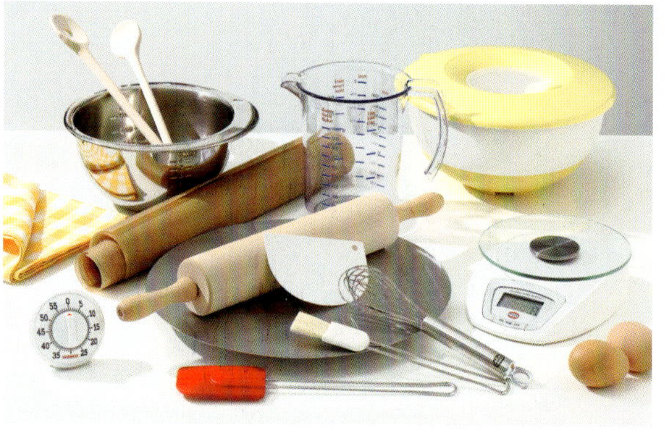

Teigkarte: Mit der flexiblen Kunststoffkarte kann man Teig teilen, Teigreste von Arbeitsflächen schaben und auch Teige und Cremes glatt streichen.
Teigrolle: Damit lassen sich Teige gleichmäßig ausrollen und feste Zutaten zerkleinern.
Teigschaber: Zum Einarbeiten lockerer Massen und zum Umfüllen und Verstreichen von Teigen.
Tortengarnierscheibe: Auch Kuchen- oder Tortenretter genannt, hilft beim Umsetzen von Torten oder Abheben geschnittener Tortenböden.
Waage: ist ganz wichtig. Wählen Sie am besten ein Modell mit Grammangabe und Zuwiegemöglichkeit.
Zitronenpresse: Zum Auspressen von Zitrusfrüchten.

Endspurt im Backofen

Fast fertig! Köstlicher Duft erfüllt Ihre Küche. Die richtige Temperatur Ihres Backofens spielt dabei die wichtigste Rolle.
Daher finden Sie in den Rezepten immer die Temperaturangaben für Ober-/Unterhitze und Heißluft. Jedoch können die Zeiten von Gerät zu Gerät davon abweichen. Beachten Sie daher auch die Gebrauchsanleitung Ihres Backofenherstellers.

Am besten Sie beobachten das Gebäck gegen Ende der Backzeit oder machen eine Garprobe.
Alle Teige, die in Formen gebacken werden, sollen Sie stets auf den Kuchenrost stellen, nicht auf ein Backblech oder auf den Boden des Backofens.

Die Einschubhöhe
Hohe und halbhohe Formen werden meist auf dem Rost im unteren Drittel eingeschoben. Flache Formen in der Mitte.
Abweichungen sind möglich und von der Ausführung Ihres Backofens abhängig.

Stäbchentest
Alt und bewährt ist die Garprobe per Holzstäbchen. Einfach zum Ende der Garzeit mit einem Holz-Schaschlikspieß vorsichtig, aber tief in den Teig stechen und wieder herausziehen. Bleiben am Spieß Teigreste mit flüssiger Konsistenz haften, ist der Kuchen noch nicht fertig.

In unserer Übersicht finden Sie Orientierungswerte:

Gebäckart	Ober-/ Unterhitze in °C	Heißluft in °C	Gas: Stufe	Backzeit in Minuten
Hohes Gebäck				
Käsekuchen	etwa 160	etwa 140	1–2	60–80
Kastenkuchen	etwa 180	etwa 160	2–3	50–70
Napfkuchen	180–200	160–180	2–3	45–60
Mittleres Gebäck				
Biskuit	etwa 180	etwa 160	2–3	25–40
Knetteigkuchen	etwa 200	etwa 180	2–3	30–50
Rührteigkuchen	etwa 180	etwa 160	2–3	25–40
Strudel	180–200	160–180	3–4	30–50
Flaches Gebäck				
Biskuit	etwa 200	etwa 180	3–4	10–30
Blätterteig	etwa 200	etwa 180	3–4	10–20
Blechkuchen	180–200	160–180	3–4	15–45
Brandteig	etwa 200	etwa 180	3–4	20–30
Kleingebäck	180–200	160–180	2–3	10–20
Knetteigboden	etwa 180	etwa 160	2–3	15–20
Rührteigboden	etwa 180	etwa 160	2–3	15–20

Ungetrübtes Backvergnügen – praktische Tipps

Auch Backprobleme lassen sich lösen

Wenn alle Rosinen unten im Kuchen sitzen ...
... war Ihr Teig zu weich. Achten Sie beim nächsten Mal darauf, dass der Teig bei der Zubereitung schwer reißend vom Löffel fällt. Bestäuben Sie Rosinen vor dem Unterheben mit Mehl, dann verrutschen sie nicht so schnell.

Wenn der Knetteig zu weich ist ...
... legen Sie ihn in Frischhaltefolie gewickelt etwa 30 Minuten in den Kühlschrank. Haben Sie zu viel Flüssigkeit durch Eier, Milch oder Wasser im Teig, arbeiten Sie noch etwas Mehl unter den Teig.

Wenn der Kuchen oben zu dunkel wird ...
... aber innen noch nicht gar ist, ist entweder die Temperatur zu hoch eingestellt oder der Kuchen muss etwas tiefer eingeschoben werden. Decken Sie den Kuchen einfach mit Backpapier ab und lassen ihn weiterbacken.

Wenn die Rührschüssel rutscht ...
... hat Ihre Rührschüssel keinen Gummiring an der Unterseite. Legen Sie beim Rühren des Teiges ein feuchtes Tuch unter die Schüssel, um ein Rutschen zu vermeiden. Auch beim Ausrollen von Teigen auf dem Backblech vermeidet ein untergelegtes feuchtes Tuch das Verrutschen.

Wenn Kuchen beim Schneiden bröckelt ...
... sollten Sie das Messer beim Schneiden nicht herunterdrücken, sondern „sägend" bewegen, dann wird die Schnittfläche glatt. Empfehlenswert ist ein Elektromesser.

Wenn das Backpapier am Biskuit haften bleibt ...
... verstreichen Sie etwas kaltes Wasser auf dem Backpapier und ziehen es dann vorsichtig ab.

Wenn Kastenkuchen zu trocken geworden ist ...
... stechen Sie mit einem feinen Stäbchen mehrmals in den Teig und beträufeln ihn mit Fruchtsaft oder Likör. So wird er schön saftig.

Wenn der Kuchenrand verbrannt ist ...
... schneiden Sie ihn ab.

Fachbegriffe – Was bedeutet was?

Aufbacken
Erneutes Backen von Kuchen und Gebäck, das eingefroren war oder durch Lagern an Frische verloren hat, z.B. Hefeteiggebäck, Brot. Gebäck mit Glasur eignet sich nicht zum Aufbacken.

Besieben/Bestäuben
Bestreuen von Kuchen oder Gebäck mit Puderzucker oder Kakao mithilfe eines Siebes oder Streuers.

Kneten
Vermischen von Zutaten zu einem glatten Teig. Man kann mit den Knethaken des Handrührgerätes oder mit den Händen kneten. Beim Kneten mit den Händen sollte man beim Knetteig nur kurz kneten, damit der Teig nicht warm wird. Fertiger Blätterteig darf nicht geknetet werden. Bleiben Reste vom Blätterteig übrig, werden sie aufeinandergelegt und erneut ausgerollt.

Tränken
Einen Teigboden oder Kuchen mit Flüssigkeiten wie Fruchtsaft, Zuckerlösung oder Likör durchfeuchten oder das Gebäck hineinlegen.

Unterheben
Lockeres untermischen einer Masse, z.B. geschlagene Sahne, Eischnee, Mandeln oder Rosinen unter eine andere Masse oder einen Teig mit einem Teigschaber, Rührlöffel oder Schneebesen.

Gebäck aufbewahren und einfrieren

Backen nach Plan
Sie haben zum Kaffeeklatsch eingeladen oder eine Geburtstagsfeier steht bevor? Alles kein Problem. Mit der richtigen Planung kommt kein Backstress auf. Viele Gebäcksorten, wie Kuchen und Torten lassen sich schon einen oder zwei Tage im Voraus zu- oder vorbereiten. Am Tag X brauchen Sie dann nur noch füllen und verzieren.
Hier einige Tipps, wie Sie ganz beruhigt Ihre Kaffeetafel planen können:

Blechkuchen
Nehmen Sie den Kuchen möglichst warm vom Backblech. Das klappt leicht, wenn Sie den Kuchen vierteln. Den Kuchen auf einem Kuchenrost auskühlen lassen, da sich sonst die Feuchtigkeit aus dem Kuchen auf das Backblech niederschlägt und den Geschmack beeinträchtigen kann.

Blätterteig- und Hefegebäck
Schmeckt frisch am besten. Sie können diese Gebäcke am anderen Tag noch einmal aufbacken, wenn diese keine Glasur haben.
Blätterteig- und Hefegebäck kann ohne Guss auch eingefroren werden.

Brot
Für die Aufbewahrung von Brot eignen sich am besten luftdicht verschließbare Behälter, da diese das Austrocknen verlangsamen. Je höher der Weizenmehlanteil von Brötchen oder Brot ist, desto schneller die Austrocknung. Spezielle Brotkästen eignen sich gut.
Brot bitte nicht im Kühlschrank aufbewahren: Die niedrigen Temperaturen im Kühlschrank schaden der Konsistenz des Brotes. Um Schimmel vorzubeugen, sollten Sie Ihren Brotbehälter regelmäßig von Krümeln säubern und mit Essigwasser auswischen. Brötchen und Brot eignen sich zum Einfrieren.

Gebäck aus Quark-Öl-Teig
Am besten genießt man dieses Gebäck ganz frisch. Sie können es ohne Guss auch einfrieren und bei Zimmertemperatur in der Verpackung auftauen lassen oder kurz aufbacken.

Knetteig
Roher Knetteig oder Mürbeteig kann, in Frischhaltefolie oder Gefrierbeutel verpackt, mehrere Tage im Kühlschrank aufbewahrt, aber auch eingefroren werden. Auftauen sollte der rohe Teig bei Zimmertemperatur in der Verpackung.

Plätzchen
Alle Plätzchen vom Backblech nehmen und auf dem Kuchenrost gut auskühlen lassen. Erst wenn sie völlig erkaltet sind, können sie zur Aufbewahrung verpackt werden. Weiter Hinweise finden Sie im Plätzchenratgeber auf Seite 99.

Rührkuchen
Nehmen Sie die Form mit dem Kuchen nach dem Backen aus dem Backofen. Lassen Sie den Kuchen etwa 10 Minuten in der Form stehen und stürzen Sie ihn dann auf einen Kuchenrost. Kuchen mit Obst sollten Sie sofort aus der Form nehmen. Wickeln Sie das gut ausgekühlte Gebäck in Frischhaltefolie ein. So verpackt lässt sich der Kuchen kalt gestellt einige Tage aufbewahren.

Sahne-, Obst- und gefüllte Torten
Ein bis zwei Tage lassen sich diese Torten im Kühlschrank frisch halten.

Jederzeit genießen – Kuchen einfrieren
Einfrieren ist einfach ideal. So lecker selbst Gebackenes auch schmeckt: Ein Kuchen ist zu viel für ein oder zwei Personen. Auch nach der Kaffeerunde bleibt so manches Tortenstück zurück. Zum Glück lassen sich die meisten Kuchen und Torten problemlos einfrieren. Einmal aufgetaut sollten sie jedoch nicht erneut eingefroren werden. Frieren Sie Kuchen in kleinen Portionen ein, das verkürzt das spätere Auftauen. Eingefrorener Kuchen hält sich etwa drei Monate, Rührkuchen sogar bis zu sechs Monate. Zum Auftauen im Backofen eignen sich alle trockenen Gebäcke, unbelegte Tortenböden und Fettgebäck, ohne Glasuren.

Vom Blech weg genießen

Blechkuchen

Wenn's schnell gehen und super schmecken soll, liegen Sie mit einem Blechkuchen immer richtig.

Ob knusprig, fruchtig oder gefüllt – ein Blech voller gebackener Köstlichkeit passt zu jeder Gelegenheit und reicht auch für viele Gäste.

Butterkuchen, Apfel-Streusel-Kuchen und Brownies – vom Klassiker bis zum Trendgebäck – hier findet jeder sein Lieblingsblech.

Ratgeber

Kuchen vom Blech

Mit diesen leckeren Kuchenstücken vom Blech ist es einfach, großen Kuchenhunger zu stillen.
Ist der Kuchenappetit einmal nicht so groß und Sie möchten trotzdem eines unserer beliebten Blechkuchenrezepte zubereiten, dann halbieren Sie einfach die Rezeptzutaten. Backen Sie mit der Hälfte der Rezeptzutaten einen Kuchen in einer Springform (Ø 26–28 cm).

So gelingen Blechkuchen

- *Abkühlen:* Die Backbleche immer auf einem Kuchenrost abkühlen lassen, da sich ansonsten zu viel Feuchtigkeit bildet und der fertig gebackene Boden durchweicht.
  Besonders Blechkuchen mit Obst sollten Sie erst etwas abkühlen lassen, dann vierteln, vom Blech nehmen und direkt auf dem Kuchenrost erkalten lassen.
- *Einschubhöhe:* Schieben sie das Backblech entweder auf der mittleren Einschubhöhe oder im unteren Drittel in den Backofen. Blechkuchen mit saftigem bzw. feuchtem Belag eher im unteren Drittel des Backofens einschieben, damit der Boden gut durchbacken kann und nicht zu weich wird.

Das richtige Blech

Zur Grundausstattung Ihres Backofens gehören 1 bis 2 Backbleche sowie eine Fettpfanne. Bei den meisten Backblechen handelt es sich um Emaille-Bleche, Schwarzbleche oder Aluminiumbleche. Das beste Backergebnis erzielen Sie mit Emailleblechen oder Schwarzblechen, wenn Sie in einem Elektrobackofen backen. Daher lohnt sich auch eine nachträgliche Anschaffung. Benutzen Sie einen Gasbackofen, sollten Sie besser Aluminiumbleche verwenden, da sie für diese Heizart die besten Wärmeleitungseigenschaften besitzen.

In der Fettpfanne lassen sich gut Blechkuchen mit höherem Teig backen, wie z.B. Bienenstich oder Biskuitschnitten.

Alles gar auf dem Blech?

So machen Sie die Garprobe:

- *Biskuit:* Wenn Sie die Oberfläche mit einem Finger leicht eindrücken, darf keine Druckstelle zurückbleiben. Das Gebäck sollte sich wattig anfühlen.
- *Rührteig:* An der dicksten Stelle mit einem Stäbchen einstechen. Es darf kein Teig daran haften bleiben, das Stäbchen muss trocken sein. Ist das Gebäck gar, löst sich der Teig etwas vom Rand des Bleches bzw. der Fettfangschale ab.
- *Hefe-, Quark-Öl- und Obstkuchen:* Die Unterseite des Kuchens sollte leicht gebräunt und trocken sein. Am besten mit einem breiten Messer oder mit einer Palette unter den Teig fahren und diesen kurz anheben (Foto).

Blechkuchen mit Früchten haben immer Saison

Sie haben Appetit auf fruchtige Marmorschnitten oder Apfel-Streusel-Kuchen? Die Rezepte mit frischen Früchten gelingen am besten, wenn Sie bereits beim Einkauf auf gute Qualität des Obstes achten. Je nach Jahreszeit bieten sich die saisonalen heimischen Sorten zum Kauf an. Die Früchte sind dann besonders aromatisch. Und so bereiten Sie die Früchte für Ihren Kuchen vor:

Erdbeeren (Mai bis September)

Erdbeeren abspülen, trocken tupfen und den Stielansatz entfernen. Kleine Früchte ganz lassen, große Früchte halbieren oder vierteln oder in Scheiben schneiden.

Heidelbeeren (Juli bis September)
Heidelbeeren kurz abspülen, auf Küchenpapier abtrocknen lassen und vorsichtig auf den Teig geben. Werden die Heidelbeeren unter Teige und Füllungen gerührt, sollten Sie das besonders vorsichtig tun, da sie leicht kaputt gehen und stark färben.

Himbeeren (Juni bis September)
Die empfindlichen Früchte verlesen und vorsichtig waschen. Himbeeren lassen sich auch tiefgefroren gut verwenden und sind in guter Qualität erhältlich.

Sauerkirschen/Schattenmorellen (Juni bis September)
Kirschen aus dem Glas gut abtropfen lassen, evtl. auf Küchenpapier geben. Frische Sauerkirschen müssen abgespült, entstielt und entsteint werden. Sie können auch tiefgekühlte Kirschen verwenden.

Äpfel (September bis März)
Die Äpfel schälen, vierteln, entkernen und in Stücke oder Scheiben geschnitten in oder auf den Kuchen geben. Mit etwas Zitronensaft beträufelt, werden geschälte Äpfel an der Luft nicht braun. Für manche Gebäcke werden die Äpfel wegen ihrer schönen Schale auch ungeschält verwendet. Dann sollten Sie die Äpfel vor dem Zerschneiden abspülen.

Birnen (August bis November)
Die Birnen schälen, vierteln, entkernen und in Stücke oder Scheiben geschnitten verwenden. Da geschälte Birnen an der Luft braun werden, helfen auch hier ein paar Tropfen Zitronensaft. Birnen aus dem Glas oder der Dose lassen sich ebenfalls für die meisten Rezepte verwenden.

Bananen (ganzjährig)
Bananen sollten immer zügig verarbeitet werden, nachdem sie geschält wurden. Zitronensaft verhindert, dass sie nicht so schnell braun werden, und ist ein guter Ausgleich zur Süße der Bananen.

Johannisbeeren (Juni bis August)
Zum Backen eignen sich bevorzugt die roten und weißgelben Beerensorten. Die abgespülten Johannisbeeren abtropfen lassen. Dann die Rispen am Stiel fest halten und mit einer Gabel die Beeren vorsichtig von den Rispen streifen.

Zwetschen (August bis Oktober)
Als Kuchenbelag eignen sich Zwetschen besser als andere Pflaumensorten. Zwetschen haben ein festeres Fruchtfleisch und lassen sich leichter vom Stein lösen. Die Früchte abspülen, trocken reiben, halbieren, entsteinen und evtl. leicht einschneiden. Dann werden sie mit der Innenseite nach oben auf den Teig gelegt.

Pfirsiche und Nektarinen (Mai bis September)
Pfirsiche sollten vor dem Backen enthäutet werden. Dazu werden die Früchte kurze Zeit in kochendes Wasser gelegt und dann gehäutet. Nektarinen können Sie mit Schale verwenden. Die Früchte abspülen, halbieren, entsteinen und in Stücke oder Scheiben schneiden. Pfirsiche gibt es in guter Qualität auch in Gläsern oder Dosen.

Aprikosen (Juni bis August)
Auch Aprikosen werden meist enthäutet verwendet, da sich die Schale beim Backen zusammenzieht. Die Früchte aus Gläsern und Dosen lassen sich ebenfalls gut zum Backen verwenden.

Mandarinen
Für alle Rezepte können Sie Mandarinen aus der Dose verwenden. Frische Mandarinen müssten erst filetiert werden, um sie verwenden zu können.

Stachelbeeren (Juni und Juli)
Die Stachelbeeren von Stiel und Blüte befreien, abspülen und trocken tupfen. Gut eignen sich zum Backen die Früchte aus dem Glas, da durch das Einkochen die ansonsten harte Schale weicher ist.

Weintrauben (August bis Oktober)
Die kernlosen Trauben eignen sich gut zum Backen. Einfach abspülen, trocken tupfen und wie im Rezept angegeben verwenden.

Butterkuchen

etwa 20 Stücke · Pro Stück: E: 4 g, F: 10 g, Kh: 22 g, kJ: 813, kcal: 194, BE: 2,0

Zubereitungszeit: etwa 30 Minuten, ohne Teiggehzeit · *Backzeit:* etwa 15 Minuten

Für den Hefeteig: 200 ml Milch · 50 g Butter · 375 g Weizenmehl (Type 405) · 1 Pck. Dr. Oetker Trockenbackhefe · 50 g Zucker · 1 Pck. Dr. Oetker Vanillin-Zucker · 1 Prise Salz · 1 Ei (Größe M)

Für den Belag: 100 g Butter · 75 g Zucker · 1 Pck. Dr. Oetker Vanillin-Zucker · 100 g gehobelte Mandeln

1 Backblech (etwa 30 x 40 cm) · weiche Butter oder Margarine zum Einfetten

1. Für den Hefeteig Milch in einem kleinen Topf bei schwacher Hitze erwärmen. Butter hinzufügen und darin zerlassen.

2. Mehl mit Hefe, Zucker, Vanillin-Zucker und Salz in einer Rührschüssel gut vermischen.
   Foto 1 Ei und lauwarme Milch-Butter-Mischung hinzufügen.

3. Foto 2 Die Zutaten mit Handrührgerät mit Knethaken erst auf niedrigster, dann auf höchster Stufe in etwa 5 Minuten zu einem glatten Teig verarbeiten.

4. Foto 3 Den Teig zugedeckt so lange an einem warmen Ort gehen lassen, bis er sich sichtbar vergrößert hat (etwa 20 Minuten).

5. Das Backblech fetten. Teig und Arbeitsfläche leicht mit Mehl bestäuben.
   Foto 4 Den Teig aus der Schüssel nehmen und auf der Arbeitsfläche nochmals kurz durchkneten.

6. Foto 5 Den Teig auf dem Backblech ausrollen und in die Ecken drücken. Den Backofen vorheizen.

   Ober-/Unterhitze: etwa 200 °C
   Heißluft: etwa 180 °C

7. Den Teig nochmals so lange an einem warmen Ort gehen lassen, bis er sich sichtbar vergrößert hat (etwa 15 Minuten).

8. Foto 6 Mit bemehlten Fingern in etwa 3 cm breiten Abständen Vertiefungen in den Teig drücken. Butter in kleinen Stücken in die Vertiefungen geben.

9. Zucker und Vanillin-Zucker mischen. Nacheinander Zuckergemisch und Mandeln auf den Teig streuen.

10. Das Backblech auf der mittleren Einschubleiste in den vorgeheizten Backofen schieben und den Kuchen **etwa 15 Minuten backen**.

11. Das Backblech auf einen Kuchenrost stellen. Den Kuchen erkalten lassen.

Foto 1

Foto 2

Foto 3

Foto 4

Foto 5

Foto 6

Basisrezept

Streuselkuchen

etwa 20 Stücke · Pro Stück: E: 4 g, F: 12 g, Kh: 36 g, kJ: 1129, kcal: 270, BE: 3,0

Zubereitungszeit: etwa 35 Minuten, ohne Teiggehzeit · *Backzeit:* etwa 20 Minuten

Zum Vorbereiten für die Streusel: 200 g Butter

Für den Hefeteig: 200 ml Milch · 50 g Butter · 375 g Weizenmehl (Type 405) · 1 Pck. Dr. Oetker Trockenbackhefe · 50 g Zucker · 1 Pck. Dr. Oetker Vanillin-Zucker · 1 Prise Salz · 1 Ei (Größe M)

Für die Streusel: 300 g Weizenmehl (Type 405) · 150 g Zucker · 1 Pck. Dr. Oetker Vanillin-Zucker · ½ TL gemahlener Zimt

1 Backblech (etwa 30 x 40 cm) · weiche Butter oder Margarine zum Einfetten

1. Zum Vorbereiten die Butter in einem kleinen Topf bei schwacher Hitze zerlassen. Topf von der Kochstelle nehmen und die Butter abkühlen lassen.

2. Für den Hefeteig Milch in einem kleinen Topf bei schwacher Hitze erwärmen. Butter hinzufügen und darin zerlassen.

3. Mehl mit Hefe, Zucker, Vanillin-Zucker und Salz in einer Rührschüssel gut vermischen. Ei und lauwarme Milch-Butter-Mischung hinzufügen. Die Zutaten mit Handrührgerät mit Knethaken erst auf niedrigster, dann auf höchster Stufe in etwa 5 Minuten zu einem glatten Teig verarbeiten.

4. Den Teig zugedeckt so lange an einem warmen Ort gehen lassen, bis er sich sichtbar vergrößert hat (etwa 20 Minuten).

5. Für die Streusel Mehl, Zucker, Vanillin-Zucker und Zimt in eine Rührschüssel geben. Die vorbereitete flüssige Butter hinzufügen.
   Foto 1 Die Zutaten mit Handrührgerät mit Rührbesen zunächst kurz auf niedrigster, dann auf höchster Stufe zu Streuseln von gewünschter Größe verarbeiten (je länger man rührt, desto größer die Streusel).

6. Das Backblech fetten. Teig und Arbeitsfläche leicht mit Mehl bestäuben. Den Teig aus der Schüssel nehmen, auf der Arbeitsfläche nochmals kurz durchkneten und auf dem Backblech ausrollen.

7. Den Backofen vorheizen.

   Ober-/Unterhitze: etwa 200 °C
   Heißluft: etwa 180 °C

8. Foto 2 Die Streusel auf dem Kuchenteig verteilen. Den Teig zugedeckt nochmals so lange an einem warmen Ort gehen lassen, bis er sich sichtbar vergrößert hat (etwa 15 Minuten). Das Backblech auf der mittleren Einschubleiste in den vorgeheizten Backofen schieben. Den Kuchen **etwa 20 Minuten backen**.

9. Das Backblech auf einen Kuchenrost stellen. Den Kuchen erkalten lassen.

Abwandlung vom Basisrezept: Für einen **Apfel-Streusel-Kuchen** zusätzlich 1½ kg säuerliche Äpfel schälen, vierteln, entkernen und in Stücke schneiden. Apfelstücke mit 4 Esslöffeln Zitronensaft, 2–3 Esslöffeln Wasser, 75 g Zucker, 1 Teelöffel Zimt und 1 Päckchen Dr. Oetker Vanillin-Zucker in einem Topf zum Kochen bringen. Apfelstücke bei schwacher Hitze etwa 15 Minuten zugedeckt dünsten lassen. Apfelkompott dann etwas abkühlen lassen. In der Zwischenzeit den Hefeteig wie im Basisrezept beschrieben zubereiten und ausrollen. Streusel wie beschrieben zubereiten. Zuerst das Apfelkompott und dann die Streusel auf dem Teig verteilen. Den vorbereiteten Kuchen wie beschrieben nochmals gehen lassen und dann im vorgeheizten Backofen **25–30 Minuten backen**.

Foto 1

Foto 2

Schnelle Biskuitschnitten

etwa 12 Stücke · Pro Stück: E: 6 g, F: 23 g, Kh:41 g, kJ: 1663, kcal: 397, BE: 3,5

Zubereitungszeit: etwa 40 Minuten, ohne Kühlzeit · *Backzeit:* etwa 15 Minuten

Für den Biskuitteig: 3 Eier (Größe M) · 4 EL heißes Wasser · 120 g Zucker · ½ Pck. Dr. Oetker Finesse Geriebene Zitronenschale · 1 Prise Salz · 100 g Weizenmehl (Type 405) · 50 g Speisestärke · 1 gestr. TL Dr. Oetker Backin

Für den Belag: 100 g gehobelte Mandeln · 200 g Himbeer- oder Johannisbeergelee

Für die Füllung: 600 g Schlagsahne · 2 Pck. Dr. Oetker Cremepulver Mousse à la Vanille

1 Backblech (etwa 30 x 40 cm) · weiche Butter oder Margarine · Backpapier

1. Backblech in den Ecken und der Mitte einfetten, mit Backpapier belegen. Den Backofen vorheizen.

   Ober-/Unterhitze: etwa 200 °C
   Heißluft: etwa 180 °C

2. Foto 1 Für den Biskuitteig Eier und Wasser mit Handrührgerät mit Rührbesen auf höchster Stufe in 1 Minute schaumig schlagen.
   Foto 2 Zucker, Zitronenschale und Salz in 1 Minute unter Rühren einstreuen, dann noch etwa 2 Minuten weiterschlagen.

3. Foto 3 Mehl mit Speisestärke und Backpulver mischen, auf die Eiercreme geben und kurz auf niedrigster Stufe unterrühren. Den Teig auf das Backblech geben und glatt streichen. Das Backblech auf mittlerer Einschubleiste in den vorgeheizten Backofen schieben. Den Biskuitboden **etwa 15 Minuten backen**.

4. Für den Belag Mandeln in einer Pfanne ohne Fett unter Rühren hellbraun rösten und auf einem Teller erkalten lassen.

5. Ein Stück Backpapier (etwas größer als das Backblech) auf die Arbeitsfläche legen und mit Zucker bestreuen.
   Foto 4 Die Biskuitplatte daraufstürzen, mitgebackenes Backpapier vorsichtig abziehen. Die Biskuitplatte auf einem Kuchenrost erkalten lassen.

6. Foto 5 Biskuitplatte mit einem Sägemesser vierteln und vom Backpapier lösen. Gelee in einem kleinen Topf unter Rühren erhitzen, dann kurz abkühlen lassen, bis das Gelee etwas dickflüssig ist. Die Biskuitviertel sofort damit bestreichen und mit Mandeln bestreuen.

7. Sahne und Cremepulver mit Handrührgerät mit Rührbesen auf niedrigster Stufe kurz verrühren, dann 3 Minuten auf höchster Stufe aufschlagen.

8. Foto 6 Zwei Biskuitplatten mit jeweils der Hälfte der Creme bestreichen, restliche Biskuitplatten darauflegen und leicht andrücken. Den Kuchen etwa 1 Stunde in den Kühlschrank stellen und dann in Schnitten schneiden.

Foto 1

Foto 2

Foto 3

Foto 4

Foto 5

Foto 6

Basisrezept

Brownies

etwa 48 Stücke · Pro Stück: E: 3 g, F: 15 g, Kh: 17 g, kJ: 892, kcal: 213, BE: 1,5

Zubereitungszeit: etwa 35 Minuten, ohne Abkühlzeit · *Backzeit:* etwa 25 Minuten

Für den All-in-Teig: 200 g Walnusskerne · 450 g Weizenmehl (Type 405) · 40 g Kakaopulver 4 gestr. TL Dr. Oetker Backin · 200 g brauner Zucker · 150 g Zucker · 1 Pck. Dr. Oetker Bourbon-Vanille-Zucker ½ TL Salz · 6 Eier (Größe M) · 400 ml Speiseöl, z. B. Rapsöl · 100 g Schlagsahne · 100 g gehackte Mandeln · 150 g Schokotropfen

Zum Verzieren: 50 g weiße Schokolade · ½ TL Speiseöl, z. B. Sonnenblumenöl

1 Backblech (etwa 30 x 40 cm) · weiche Butter oder Margarine · Backpapier

1. Backblech in den Ecken und der Mitte einfetten, mit Backpapier belegen. Backofen vorheizen.

   Ober-/Unterhitze: etwa 180 °C
   Heißluft: etwa 160 °C

2. Für den All-in-Teig Walnusskerne hacken. Mehl, Kakao und Backpulver in einer Rührschüssel mischen. Braunen Zucker, Zucker, Vanille-Zucker, Salz, Eier, Öl und Sahne hinzufügen. Die Zutaten mit Handrührgerät mit Rührbesen zunächst kurz auf niedrigster, dann auf höchster Stufe in etwa 1 Minute zu einem glatten Teig verarbeiten. Walnusskerne, Mandeln und Schokotropfen unterrühren.

3. Foto 1 Den Teig auf das Backblech geben und glatt streichen. Das Backblech auf mittlerer Einschubleiste in den vorgeheizten Backofen schieben. Das Gebäck **etwa 25 Minuten backen**.

4. Das Backblech auf einen Kuchenrost stellen. Das Gebäck etwa 30 Minuten erkalten lassen.

5. Zum Verzieren Schokolade in kleine Stücke brechen und mit Öl im Wasserbad unter Rühren schmelzen lassen. Dafür die Schokoladenstücke mit dem Öl in eine Edelstahlschüssel geben. Einen Topf etwa ein Drittel mit Wasser füllen. Die Schüssel in das Wasserbad setzen. Das Ganze bei schwacher Hitze erwärmen, bis die Schokolade geschmolzen ist.

6. Die Schokolade in einen kleinen Gefrierbeutel füllen. Gefrierbeutel verschließen und eine kleine Ecke abschneiden.
   Foto 2 Die Gebäckplatte mit Schokolade verzieren. Die Schokolade fest werden lassen.
   Foto 3 Das Gebäck in etwa 5 cm große Brownie-Würfel schneiden.

Foto 1

Foto 2

Foto 3

Foto 4

Abwandlung vom Basisrezept

Kirsch-Brownies (großes Foto)

etwa 48 Stücke · Pro Stück: E: 4 g, F: 18 g, Kh: 19 g, kJ: 1059, kcal: 253, BE: 1,5

Zubereitungszeit: etwa 35 Minuten, ohne Abkühlzeit · *Backzeit:* etwa 25 Minuten

Zutaten: für 1 Basisrezept All-in-Teig (Brownies, **ohne** Schokotropfen)

Zusätzlich: 200 g Edelbitter-Schokolade (etwa 60 % Kakaobestandteil) · 1 Glas Sauerkirschen (Abtropfgewicht 350 g)

Für den Guss: 200 g Edelbitter-Schokolade (etwa 60 % Kakaobestandteil) · 100 g Schlagsahne

1 Backblech (etwa 30 x 40 cm) · weiche Butter oder Margarine zum Einfetten · Backpapier

1. Für den Teig Schokolade in kleine Stücke schneiden. Sauerkirschen in einem Sieb abtropfen lassen.

2. Den Teig wie im Basisrezept beschrieben zubereiten. Statt der Schokotropfen Schokoladenstücke und Sauerkirschen unterrühren. Den Teig auf das vorbereitete Backblech geben und glatt streichen. Die Kirsch-Brownies wie beschrieben im vorgeheizten Backofen **etwa 25 Minuten backen**, dann etwa 1 Stunde erkalten lassen.

3. Für den Guss Schokolade in kleine Stücke brechen und mit der Sahne wie beschrieben im Wasserbad bei schwacher Hitze unter Rühren schmelzen.

4. **Foto 4** Den Guss mit einem Teigschaber auf dem Kuchen verteilen. Den Guss fest werden lassen. Das Gebäck in etwa 5 cm große Kirsch-Brownie-Würfel schneiden.

Basisrezept

Becherkuchen Florentiner Art

etwa 20 Stücke · Pro Stück: E: 7 g, F: 22 g, Kh: 28 g, kJ: 1408, kcal: 336, BE: 2,5

Zubereitungszeit: etwa 35 Minuten, ohne Abkühlzeit · *Backzeit:* etwa 20 Minuten

Zum Vorbereiten: 1 Becher (200 g) Schlagsahne

Für den Belag: ½ Pck. (125 g) Butter · ½ Becher (100 g) Zucker · 2 Pck. (je 200 g) gehobelte Mandeln

Für den All-in-Teig: 2 Becher (je 150 g) Weizenmehl (Type 405) · 3 gestr. TL Dr. Oetker Backin · 1 Becher (200 g) Zucker · 1 Pck. Dr. Oetker Vanillin-Zucker · 1 Röhrchen Dr. Oetker Butter-Vanille-Aroma · 4 Eier (Größe M)

Zum Verzieren: 50 g Edelbitter-Schokolade (etwa 60 % Kakaobestandteil) · ½ TL Speiseöl, z. B. Sonnenblumenöl

1 Backblech (etwa 30 x 40 cm) · weiche Butter oder Margarine zum Einfetten · Backpapier

1. Backblech in den Ecken und in der Mitte einfetten, mit Backpapier belegen.

2. Foto 1 Zum Vorbereiten Sahne in eine Rührschüssel gießen. Becher auswaschen, abtrocknen und zum Abmessen der Zutaten verwenden.

3. Für den Belag Butter und Zucker (im Becher abgemessen) in einem kleinen Topf bei mittlerer Hitze schmelzen lassen. Mandeln unterrühren und einmal aufkochen lassen. Die Mandelmasse etwas abkühlen lassen. Den Backofen vorheizen.

   Ober-/Unterhitze: etwa 200 °C
   Heißluft: etwa 180 °C

4. Foto 2 Für den Teig Mehl mit Backpulver mischen, in die Rührschüssel mit der Sahne geben und mit einem Schneebesen vorsichtig an der Oberfläche verrühren. Zucker, Vanillin-Zucker, Aroma und Eier dazugeben.
   Foto 3 Die Zutaten mit dem Schneebesen gut verrühren, bis ein glatter Teig entstanden ist.

5. Den Teig auf das Backblech geben und glatt streichen.
   Foto 4 Die Mandelmasse mit Esslöffel und Gabel vorsichtig auf dem Teig verteilen.

6. Das Backblech auf mittlerer Einschubleiste in den vorgeheizten Backofen schieben. Den Kuchen **etwa 20 Minuten backen**.

7. Das Backblech auf einen Kuchenrost stellen. Den Kuchen etwa 30 Minuten erkalten lassen.

8. Zum Verzieren Schokolade in kleine Stücke brechen und mit Öl im Wasserbad unter Rühren schmelzen lassen. Dafür die Schokoladenstücke mit dem Öl in eine Edelstahlschüssel geben. Einen kleinen Topf etwa ein Drittel mit Wasser füllen, die Schüssel in das Wasserbad setzen. Das Ganze bei schwacher Hitze erwärmen, bis die Schokolade geschmolzen ist.

9. Die Schokolade in einen kleinen Gefrierbeutel füllen. Den Beutel verschließen und eine kleine Ecke abschneiden. Schokolade auf den Kuchen sprenkeln.

Foto 1

Foto 2

Foto 3

Foto 4

Abwandlung vom Basisrezept: Für einen Schoko-Becher-Kuchen (Foto rechts) für den Belag 3 Esslöffel Apfelsaft in einem kleinen Topf bei schwacher Hitze erwärmen. 125 g getrocknete Cranberries unterrühren. Den Topf von der Kochstelle nehmen. Cranberries 30 Minuten erkalten lassen.
Den All-in-Teig wie im Basisrezept beschrieben zubereiten, auf das vorbereitete Backblech geben und glatt streichen. Cranberries darauf verteilen. 100 g Zartbitter-Raspelschokolade mit 100 g gehackten Mandeln und 3 Esslöffeln braunem Zucker mischen und auf den Teig streuen.
Den Kuchen wie beschrieben im vorgeheizten Backofen **etwa 20 Minuten backen**.

Basisrezept

Kokos-Schokoladen-Kuchen

etwa 20 Stücke · Pro Stück: E: 6 g, F:31 g, Kh: 34 g, kJ: 1843, kcal: 440, BE: 3,0

Zubereitungszeit: etwa 45 Minuten, ohne Abkühlzeit · *Backzeit:* etwa 30 Minuten

Zum Vorbereiten: 200 g Kokosraspel · 1 Dose Ananas in Scheiben (Abtropfgewicht 490 g) · 200 g Edelbitter-Schokolade (etwa 60 % Kakaobestandteil)

Für den Rührteig: 300 g weiche Butter oder Margarine · 200 g Zucker · 1 Pck. Dr. Oetker Vanillin-Zucker · 6 Eier (Größe M) · 300 g Weizenmehl (Type 405) · 2 gestr. TL Dr. Oetker Backin

Für den Guss: 200 g Edelbitter-Schokolade (etwa 60 % Kakaobestandteil) · 100 g Schlagsahne

1 Backblech (etwa 30 x 40 cm) · weiche Butter oder Margarine zum Einfetten · Backpapier

1. Foto 1 Zum Vorbereiten Kokosraspel in einer Pfanne ohne Fett unter Rühren hellbraun rösten und auf einem Teller erkalten lassen. 3 Esslöffel davon zum Garnieren beiseitelegen.

2. Ananasscheiben in einem Sieb abtropfen lassen. 2 Scheiben in je 12 Stücke schneiden und beiseitelegen. Restliche Ananasscheiben in sehr feine Stücke schneiden, zum Abtropfen wieder in das Sieb geben. Schokolade in grobe Stücke schneiden.

3. Backblech in den Ecken und der Mitte einfetten, mit Backpapier belegen. Den Backofen vorheizen.

   Ober-/Unterhitze: etwa 180 °C
   Heißluft: etwa 160 °C

4. Für den Rührteig Butter oder Margarine in einer Rührschüssel mit Handrührgerät mit Rührbesen auf höchster Stufe geschmeidig rühren. Nach und nach Zucker und Vanillin-Zucker unterrühren. So lange rühren, bis eine gebundene Masse entstanden ist. Eier nach und nach unterrühren (jedes Ei etwa ½ Minute).

5. Mehl mit Backpulver mischen und in 2 Portionen auf mittlerer Stufe unterrühren. Restliche Kokosraspel und Schokolade unter den Teig rühren. Ananasstücke unterheben.

6. Den Teig auf das Backblech geben und glatt streichen. Das Backblech auf mittlerer Einschubleiste in den vorgeheizten Backofen schieben. Den Kuchen **etwa 30 Minuten backen**.

7. Das Backblech auf einen Kuchenrost stellen. Den Kuchen etwa 30 Minuten erkalten lassen.

8. Für den Guss die Schokolade in kleine Stücke brechen und mit der Sahne im Wasserbad unter Rühren schmelzen lassen.
   Foto 2 Dafür die Schokoladenstücke mit der Sahne in eine Edelstahlschüssel geben. Einen Topf etwa ein Drittel mit Wasser füllen, die Schüssel in das Wasserbad setzen. Das Ganze bei schwacher Hitze erwärmen, bis die Schokolade geschmolzen ist.

9. Foto 3 Den Guss mit einem Teigschaber auf den Kuchen streichen.
   Foto 4 Restliche Ananasstücke mit Küchenpapier trocken tupfen und auf den noch feuchten Guss legen. Kuchen mit den beiseite gelegten Kokosraspeln bestreuen. Guss fest werden lassen.

Abwandlung vom Basisrezept:
Für **Fruchtige Marmorschnitten (Foto S. 19)** die Früchte aus je 1 Dose Aprikosenhälften (Abtropfgewicht 250 g) und Fruchtcocktail (Abtropfgewicht 145 g) abtropfen lassen. Aprikosenhälften in Spalten schneiden. Den Rührteig wie im Basisrezept beschrieben zubereiten. Zwei Drittel davon auf das vorbereitete Backblech geben und glatt streichen. Die Früchte nacheinander darauf verteilen. 20 g Kakaopulver und 1 Esslöffel Milch unter den restlichen Teig rühren. 100 g gehackte Edelbitter-Schokolade unterrühren.
Den Teig mit 2 Teelöffeln in Häufchen auf den Früchten verteilen. Den Kuchen wie beschrieben **etwa 30 Minuten backen**. Für den Guss 50 g Edelbitter-Schokolade in Stücke brechen und mit ½ Teelöffel Speiseöl (z. B. Sonnenblumenöl) wie im Rezept beschrieben im Wasserbad schmelzen. Schokolade in einen kleinen Gefrierbeutel füllen, verschließen und eine kleine Ecke abschneiden. Schokolade auf den Kuchen sprenkeln.

Foto 1

Foto 2

Foto 3

Foto 4

Bienenstich

etwa 20 Stücke · Pro Stück: E: 5 g, F: 27 g, Kh: 28 g, kJ: 1585, kcal: 378, BE: 2,5

Zubereitungszeit: etwa 50 Minuten, ohne Abkühl- und Teiggehzeit · *Backzeit:* etwa 15 Minuten

Für die Füllung: 2 Pck. Dr. Oetker Pudding-Pulver Vanille-Geschmack · 750 ml (3/4 l) Milch · 80 g Zucker · 250 g Butter

Für den Hefeteig: 125 ml (1/8 l) Milch · 50 g Butter oder Margarine · 300 g Weizenmehl (Type 405) · 1 Pck. Dr. Oetker Trockenbackhefe · 50 g Zucker · 1 Pck. Dr. Oetker Vanillin-Zucker · 1 Prise Salz · 1 Ei (Größe M)

Für den Belag: 150 g Butter · 75 g Zucker · 1 Pck. Dr. Oetker Vanillin-Zucker · 4 EL Schlagsahne · 200 g gehobelte Mandeln

1 Backblech (etwa 30 x 40 cm) · weiche Butter oder Margarine zum Einfetten

1. Für die Füllung einen Pudding aus Pudding-Pulver, Milch und Zucker nach Packungsanleitung zubereiten und in eine Rührschüssel (Inhalt etwa 3 Liter) geben.

2. Foto 1 Die Butter in etwa 3 mm dicke Scheiben schneiden und auf den heißen Pudding legen. Die Schüssel mit Frischhaltefolie zudecken und etwa 3 Stunden kalt stellen.

3. Für den Hefeteig Milch in einem kleinen Topf bei schwacher Hitze erwärmen, Butter oder Margarine darin zerlassen.

4. Mehl mit Hefe in einer Rührschüssel vermischen. Zucker, Vanillin-Zucker, Salz, Ei und die lauwarme Milch-Butter-Mischung hinzufügen. Die Zutaten mit Handrührgerät mit Knethaken erst auf niedrigster, dann auf höchster Stufe in etwa 5 Minuten zu einem glatten Teig verarbeiten.

5. Den Teig zugedeckt so lange an einem warmen Ort gehen lassen, bis er sich sichtbar vergrößert hat (etwa 20 Minuten).

6. Für den Belag Butter mit Zucker, Vanillin-Zucker und Sahne in einem Topf unter Rühren erhitzen. Mandeln unterrühren. Die Masse zum Kochen bringen. Den Topf von der Kochstelle nehmen und die Masse etwas abkühlen lassen.

7. Das Backblech fetten. Teig und Arbeitsfläche leicht mit Mehl bestäuben. Den Teig aus der Schüssel nehmen und auf der Arbeitsfläche nochmals kurz durchkneten. Den Teig auf dem Backblech ausrollen und in die Ecken drücken.

8. Foto 2 Den Belag in Klecksen auf dem Teig verteilen, mit einer Teigkarte gleichmäßig verstreichen. Den Backofen vorheizen.

   Ober-/Unterhitze: etwa 200 °C
   Heißluft: etwa 180 °C

9. Den Teig zugedeckt nochmals so lange an einem warmen Ort gehen, bis er sich sichtbar vergrößert hat (etwa 15 Minuten).

10. Das Backblech auf der mittleren Einschubleiste in den vorgeheizten Backofen schieben. Den Kuchen **etwa 15 Minuten backen**.

11. Das Backblech auf einen Kuchenrost stellen. Den Kuchen etwa 1 Stunde erkalten lassen.

12. Die Pudding-Butter-Masse mit Handrührgerät mit Rührbesen in etwa 3 Minuten zu einer cremigen Masse aufschlagen.

13. Foto 3 Den Kuchen senkrecht vierteln und jedes Viertel einmal waagerecht durchschneiden.
    Foto 4 Die unteren Kuchenviertel mit je einem Viertel der Buttercreme bestreichen. Die oberen Kuchenviertel darauflegen. Den Bienenstich etwa 1 Stunde in den Kühlschrank stellen.

Foto 1

Foto 2

Foto 3

Foto 4

Basisrezept

Zitronenkuchen (im Bild vorn)

etwa 20 Stücke · Pro Stück: E: 3 g, F: 16 g, Kh: 40 g, kJ: 1350, kcal: 323, BE: 3,5

Zubereitungszeit: etwa 35 Minuten · *Backzeit:* etwa 25 Minuten

Für den Rührteig: 350 g weiche Butter oder Margarine · 250 g Zucker · 2 Pck. Dr. Oetker Finesse Geriebene Zitronenschale · 5 Eier (Größe M) · 275 g Weizenmehl (Type 405) · 120 g Speisestärke · 2 gestr. TL Dr. Oetker Backin

Für den Guss: 250 g Puderzucker · 6–7 EL Zitronensaft

1 Backblech (etwa 30 x 40 cm) · weiche Butter oder Margarine zum Einfetten · Backpapier

1. Backblech in den Ecken und der Mitte einfetten, mit Backpapier belegen. Den Backofen vorheizen.

   Ober-/Unterhitze: etwa 180 °C
   Heißluft: etwa 160 °C

2. Für den Rührteig Butter oder Margarine mit Handrührgerät mit Rührbesen auf höchster Stufe geschmeidig rühren. Nach und nach Zucker und Zitronenschale unterrühren. So lange rühren, bis eine gebundene Masse entstanden ist. Eier nach und nach unterrühren (jedes Ei etwa ½ Minute).

3. Mehl mit Stärke und Backpulver mischen und in 2 Portionen auf mittlerer Stufe unterrühren.

4. Den Teig auf das Backblech geben und glatt streichen. Das Backblech auf mittlerer Einschubleiste in den vorgeheizten Backofen schieben. Den Kuchen **etwa 25 Minuten backen**.

5. Für den Guss Puderzucker sieben und mit so viel von dem Zitronensaft verrühren, dass ein dickflüssiger Guss entsteht.

6. Das Backblech auf einen Kuchenrost stellen. Den heißen Kuchen mit dem Guss bestreichen (je heißer der Kuchen, desto stärker zieht der Guss ein). Den Kuchen auf dem Backblech erkalten lassen.

Abwandlung vom Basisrezept

Orangen-Schoko-Kuchen (im Bild hinten)

etwa 20 Stücke · Pro Stück: E: 4 g, F: 20 g, Kh: 42 g, kJ: 1551, kcal: 370, BE: 3,5

Zubereitungszeit: etwa 35 Minuten, ohne Abkühlzeit · *Backzeit:* etwa 25 Minuten

Zutaten: für 1 Basisrezept Rührteig (Zitronenkuchen, **ohne** Geriebene Zitronenschale)

Zusätzlich: 1 Dose Mandarinen (Abtropfgewicht 175 g) · 2 Pck. Dr. Oetker Finesse Orangenschalen-Aroma

Für den Belag: 200 g Edelbitter-Schokolade (etwa 60 % Kakaobestandteile)

Für den Guss: 175 g Puderzucker · 4–5 EL Mandarinensaft (aus der Dose) oder Zitronensaft

1 Backblech (etwa 30 x 40 cm) · weiche Butter oder Margarine zum Einfetten · Backpapier

1. Mandarinen in einem Sieb abtropfen lassen, den Saft dabei auffangen. Den Teig wie im Basisrezept beschrieben zubereiten. Statt der Zitronenschale das Orangenschalen-Aroma verwenden. Zum Schluss Mandarinen unterrühren.

2. Den Teig auf das vorbereitete Backblech geben und glatt streichen. Den Kuchen wie beschrieben **etwa 25 Minuten backen**.

3. Das Backblech auf einen Kuchenrost stellen. Die Schokolade in der Größe der vorgeformten Einteilung in Stücke brechen, sofort auf dem heißen Kuchen verteilen und etwas andrücken. Den Kuchen etwa 30 Minuten erkalten lassen.

4. Puderzucker mit dem Saft zu einem dickflüssigen Guss verrühren. Den Guss mit einem Teelöffel in die Zwischenräume geben und verstreichen.

Streusel-Fladenkuchen

etwa 12 Stücke · Pro Stück: E: 6 g, F: 16 g, Kh: 49 g, kJ: 1533, kcal: 366, BE: 4,0

Zubereitungszeit: etwa 35 Minuten, ohne Abkühlzeit · *Backzeit:* etwa 35 Minuten

Zum Vorbereiten für die Streusel: 100 g Butter

Für den Belag: 1 großes Glas Sauerkirschen (Abtropfgewicht 350 g) · 1 kleines Glas Sauerkirschen (Abtropfgewicht 170 g) · 1 Becher (150 g) Crème fraîche · 1 Ei (Größe M) · 30 g Zucker · 2 Pck. Dr. Oetker Vanillin-Zucker · 1 EL Speisestärke

Für die Streusel: 150 g Weizenmehl (Type 405) · 75 g Zucker · 1 Pck. Dr. Oetker Vanillin-Zucker · 1 Msp. gemahlener Zimt

Für den Quark-Öl-Teig: 225 g Weizenmehl (Type 405) · 3 gestr. TL Dr. Oetker Backin · 125 g Magerquark · 50 g Zucker · 50 ml Milch · 50 ml Speiseöl, z. B. Sonnenblumenöl

Zum Bestäuben: Puderzucker

1 Backblech (etwa 30 x 40 cm) · weiche Butter oder Margarine zum Einfetten · Backpapier

1. Für die Streusel die Butter in einem kleinen Topf bei schwacher Hitze zerlassen. Den Topf von der Kochstelle nehmen. Die Butter abkühlen lassen.

2. Für den Belag Sauerkirschen aus beiden Gläsern in einem Sieb abtropfen lassen. Das Backblech in den Ecken und in der Mitte einfetten, mit Backpapier belegen. Den Backofen vorheizen.

   Ober-/Unterhitze: etwa 200 °C
   Heißluft: etwa 180 °C

3. Für die Streusel Mehl mit Zucker, Vanillin-Zucker, Zimt und der vorbereiteten flüssigen Butter in eine Rührschüssel geben. Die Zutaten mit Handrührgerät mit Rührbesen zunächst kurz auf niedrigster, dann auf höchster Stufe zu Streuseln von gewünschter Größe verarbeiten (je länger man rührt, desto größer die Streusel).

4. Für den Teig Mehl mit Backpulver in einer Rührschüssel mischen. Restliche Teigzutaten hinzufügen, mit Handrührgerät mit Knethaken auf höchster Stufe in etwa 1 Minute zu einem Teig verarbeiten (nicht zu lange, Teig klebt sonst). Dann mit bemehlten Händen auf der leicht bemehlten Arbeitsfläche zu einem glatten Teig verarbeiten.

5. Den Teig zu einer Rolle formen. Die Rolle auf das Backblech legen und zu einem ovalen Fladen (etwa 20 x 35 cm) ausrollen.
   Foto 1 Den Teig am Rand rundherum etwa 2 cm hoch drücken.
   Foto 2 Die Kirschen auf dem Teig verteilen.

6. Crème fraîche mit Ei, Zucker, Vanillin-Zucker und Speisestärke in einer Rührschüssel mit einem Schneebesen gut verrühren.
   Foto 3 Die Masse mit einem Esslöffel auf den Kirschen verteilen.
   Foto 4 Die Streusel vom Rand aus nach innen auf die Creme streuen.

7. Das Backblech auf der mittleren Einschubleiste in den vorgeheizten Backofen schieben und den Fladen **etwa 35 Minuten backen**.

8. Das Backblech auf einen Kuchenrost stellen. Den Fladen erkalten lassen und dann mit Puderzucker bestäuben.

Foto 1

Foto 2

Foto 3

Foto 4

Immer gut in Form

Kuchen aus der Form

Ohne Form geht beim Kuchenbacken fast nichts. Sie haben dabei die Qual der Wahl zwischen einer großen Vielzahl klassischer und moderner Backformen. Für klassische Napfkuchen, beliebte Apfelkuchen und fruchtige Tartes brauchen Sie nur drei verschiedene Backformen, die wir für Sie ausgewählt haben.

Also los geht's. Schnell den Teig gerührt, in die Form gefüllt, belegt und ab damit in den Ofen. Und nach dem Backen können Sie den Kuchen mit Puderzucker, Schokoladenglasur oder Zuckerguss das perfekte Aussehen geben.

Ratgeber

Kuchen aus der Form

Ob Rühr-, Biskuit- oder All-in-Teig – von der Form hängt ab, wie gut Ihr Kuchen gelingt. Dabei sind die Ansprüche an Ihr Können gar nicht so hoch. Aus ein und derselben Form lassen sich von einfach über fruchtig bis richtig edel tolle Kuchen zaubern. Da sticht so manches Kuchenrezept selbst die Torte auf der Kaffeetafel aus.

In jede Form passt ein Teig

Viele Formen machen noch lange keinen guten Kuchen. Für die Rezepte in diesem Kapitel genügen daher folgende Standardformen:

– 1 Springform (Ø 26 cm)
– 1 Gugelhupfform (Ø 24 cm)
– 1 Tarteform (Ø 26–28 cm).

Aber selbst wenn Sie die nicht haben, sondern eine andere, sollten Sie sich nicht abhalten lassen. Denn die Teigmenge lässt sich an den Inhalt Ihrer Form anpassen.
So ermitteln Sie den Inhalt: Gießen Sie Wasser in die, laut jeweiligem Rezept, vorgesehene Kuchenform. Vergleichen Sie den Inhalt mit Ihrer Form. Sollte Ihre Form kleiner sein und daher Teig überbleiben, backen Sie aus dem Rest z. B. Muffins, achten Sie jedoch auf die kürzere Backzeit bei kleineren Formen.
Damit der Teig in der kleineren Form nicht überläuft, sollten Sie die Form höchstens bis zu zwei Dritteln mit Teig füllen.

Für alle Fälle – Kuchenbackmischungen
Manchmal fehlt die Zeit, manchmal einfach nur eine Backzutat. Selbst dann müssen Sie nicht auf Ihren geliebten Kuchen verzichten. Kuchenbackmischungen sind in diesen Fällen eine gute Alternative. Das große Angebot reicht von einfachen Sandkuchen bis zu Kuchenspezialitäten, die oft nur noch die Zugabe von Flüssigkeit, Ei und Fett erforderlich machen. Die Mischung wird angerührt und schon kann der Teig in die Form.

Kuchen in der Form backen
Die Backzeit ist abhängig von der Höhe und der Art des Teiges sowie von der Form und ihrem Material.

Am besten, Sie beobachten den Kuchen und machen gegen Ende der Garzeit eine Garprobe. Dazu stechen Sie mit einem Holzstäbchen tief in den Kuchen und ziehen es wieder heraus **(Foto 1)**. Wenn keine Teigreste mehr am Stäbchen haften, ist er gar **(Foto 2)**.

Foto 1

Foto 2

Lassen Sie den gebackenen Kuchen 10 Minuten in der Form auf einem Kuchenrost zum Abkühlen stehen. Stürzen Sie den Kuchen dann auf einen mit Backpapier belegten Kuchenrost. Je nach Rezept drehen Sie den Kuchen wieder um oder verwenden ihn so. Bei einer Springform lösen Sie zunächst den Springformrand, nachdem Sie mit einem Messer den Kuchen vom Rand gelöst haben. Mit einem großen Messer fahren Sie nun vorsichtig unter den Kuchenboden und lösen ihn von der Form. Mithilfe einer Tortengarnierscheibe heben Sie den Kuchen ab und setzen ihn auf eine Kuchenplatte. Bevor Sie den Kuchen durchschneiden, füllen oder verzieren, sollte er vollständig ausgekühlt sein.

Schnell schick gemacht
Bestäuben: Ein Kleid aus Puderzucker steht nicht nur jedem Kuchen fantastisch, sondern geht auch noch ruck, zuck.
Bestreuen oder besieben Sie Ihren Kuchen einfach mit Puderzucker.

Guss und Glasur: Auch ein Guss oder eine Glasur macht Ihren Kuchen zum Reinbeißen attraktiv. Ein Guss oder eine Glasur gelingt aber nur dann, wenn der Kuchen vollständig abgekühlt ist. Es sei denn, der Guss soll ins Gebäck einziehen, dann können Sie ihn direkt auf den warmen Kuchen geben.
Einen einfachen Guss können Sie aus Puderzucker herstellen. Dazu rühren Sie gesiebten Puderzucker nach und nach mit Wasser glatt, bis ein dickflüssiger Guss entsteht. Statt Wasser können Sie z. B. auch Zitronensaft verwenden. Das ergibt einen erfrischenden Zitronenguss.
Kuchenglasuren sind in vielen Geschmacksrichtungen erhältlich und lassen sich ebenfalls leicht und gelingsicher verwenden. Erwärmen Sie die Kuchenglasur nach Packungsanleitung und geben diese über den Kuchen

Aprikotieren: Soll der Guss oder die Glasur besonders glatt und ohne Krümel sein, bestreichen Sie den Kuchen vorher mit erwärmter Konfitüre. Besonders beliebt dafür ist Aprikosenkonfitüre. Diese sollten Sie zunächst mit einem Pürierstab ganz fein zerkleinern oder durch ein Sieb streichen. Sehr gut zum Bestreichen eignet sich auch erwärmtes Gelee. Zu Schokoladenkuchen passt besonders gut Himbeergelee oder die säuerlichen Zitronen-, Limetten- oder Johannisbeergelees. Bei Obstkuchen verhindert das Aprikotieren das Austrocknen des Belages und gibt zusätzlichen Glanz auf dem Obst.

Kuchen aufbewahren
Fast jeden Kuchen können Sie auch einfrieren und so 3 bis 6 Monate lagern.
Je frischer der Kuchen eingefroren wird, desto besser schmeckt er nach dem Auftauen. Dazu den Kuchen frisch, aber abgekühlt in tiefkühlbeständiges Material verpacken und einfrieren.
Praktisch ist es, wenn Sie den Kuchen stückweise einfrieren. So können Sie bei Bedarf die passende Menge entnehmen oder eine gemischte Kuchenplatte zusammenstellen, wenn Sie Besuch bekommen. In Frischhaltefolie gewickelt hält sich Kuchen ebenfalls mehrere Tage frisch. Vor dem Verpacken den Kuchen allerdings vollständig auskühlen lassen.

Basisrezept

Apfelkuchen, sehr fein

etwa 12 Stücke · Pro Stück: E: 4, F: 11 g, Kh: 32 g, kJ: 1019, kcal: 244, BE: 2,5

Zubereitungszeit: etwa 40 Minuten, ohne Abkühlzeit · *Backzeit:* 40–50 Minuten

Für den Rührteig: 125 g weiche Butter oder Margarine · 125 g Zucker · 1 Pck. Dr. Oetker Vanillin-Zucker · 1 Prise Salz · ½ Pck. Dr. Oetker Finesse Geriebene Zitronenschale · 3 Eier (Größe M) · 200 g Weizenmehl (Type 405) · 2 gestr. TL Dr. Oetker Backin · 1 EL Milch

Für den Belag: 5–6 mittelgroße Äpfel (750 g)

Zum Aprikotieren: 2 EL Aprikosenkonfitüre · 1 EL Wasser

1 Springform (Ø 26 cm) · weiche Butter oder Margarine zum Einfetten

1. **Foto 1** Den Springformboden einfetten und den Backofen vorheizen.

   Ober-/Unterhitze: etwa 180 °C
   Heißluft: etwa 160 °C

2. **Foto 2** Für den Teig Butter oder Margarine in einer Rührschüssel mit Handrührgerät mit Rührbesen auf höchster Stufe geschmeidig rühren. Nach und nach Zucker, Vanillin-Zucker, Salz und Zitronenschale unterrühren. So lange rühren, bis eine gebundene Masse entstanden ist.
   Foto 3 Eier nach und nach unterrühren (jedes Ei etwa ½ Minute).

3. **Foto 4** Mehl mit Backpulver in einer Schüssel mit einem Schneebesen mischen.
   Foto 5 Das Gemisch in 2 Portionen abwechselnd mit der Milch auf mittlerer Stufe unterrühren.

4. Den Teig in die Springform geben und mit einem Teigschaber glatt streichen.

5. Für den Belag Äpfel schälen, vierteln, entkernen.
   Foto 6 Apfelviertel mehrmals der Länge nach mit einem scharfen Messer einritzen und mit der Wölbung nach oben, von außen nach innen, kranzförmig auf den Teig legen. Die Form auf dem Rost im unteren Drittel in den vorgeheizten Backofen schieben. Den Kuchen **40–50 Minuten backen**.

6. Die Form auf einen Kuchenrost stellen.

7. Zum Aprikotieren Konfitüre mit Wasser in einem kleinen Topf pürieren oder durch ein Sieb streichen, unter Rühren aufkochen, mit einem Pinsel den heißen Kuchen damit bestreichen.

8. Den Kuchen 10 Minuten in der Form stehen lassen. Dann den Kuchen mit einem Messer vom Springformrand lösen. Springformrand und Springformboden entfernen. Den Kuchen auf einem mit Backpapier belegten Kuchenrost erkalten lassen.

Foto 1

Foto 2

Foto 3

Foto 4

Foto 5

Foto 6

Abwandlung vom Basisrezept: Für einen **Kirschkuchen mit Guss** Sauerkirschen aus einem Glas (Abtropfgewicht 350 g) in einem Sieb abtropfen lassen. Dabei den Saft auffangen und 250 ml (¼ l) davon abmessen.
Den Rührteig wie im Basisrezept beschrieben zubereiten. Den Teig in der vorbereiteten Springform glatt streichen. Die Sauerkirschen darauf verteilen, dabei rundherum einen 1 cm breiten Rand frei lassen. 50 g gehobelte Mandeln daraufstreuen.
Kuchen wie beschrieben **40–50 Minuten backen**. Nach dem Backen die Form auf einen Kuchenrost stellen. Den Kuchen in der Form etwa 1 Stunde erkalten lassen, dann aus der Form lösen.
Für den Guss aus 1 Päckchen Tortenguss, dem abgemessenem Kirschsaft und 1 Teelöffel Zucker nach Packungsanleitung einen Guss zubereiten. Den Guss mit einem Esslöffel von der Mitte aus zügig über die Kirschen geben. Den Kuchen mindestens ½ Stunde kalt stellen.

Basisrezept

Marmorkuchen

etwa 14 Stücke · Pro Stück: E: 6 g, F: 21 g, Kh: 42 g, kJ: 1603, kcal: 383, BE: 3,5

Zubereitungszeit: etwa 25 Minuten, ohne Kühlzeit · *Backzeit:* etwa 60 Minuten

Für den Rührteig: 300 g weiche Butter oder Margarine · 275 g Zucker · 1 Pck. Dr. Oetker Vanillin-Zucker · 1 Fläschchen Rum-Aroma · 1 Prise Salz · 5 Eier (Größe M) · 375 g Weizenmehl (Type 405) · 4 gestr. TL Dr. Oetker Backin · 3 EL Milch · 20 g Kakaopulver · 20 g Zucker · 3 EL Milch

Zum Bestäuben: Puderzucker

1 Gugelhupfform (Ø 24 cm) · weiche Butter oder Margarine zum Einfetten

Foto 1

Foto 2

Foto 3

Foto 4

1. Die Gugelhupfform einfetten und den Backofen vorheizen.

   Ober-/Unterhitze: etwa 180 °C
   Heißluft: etwa 160 °C

2. Für den Rührteig Butter oder Margarine in einer Rührschüssel mit Handrührgerät mit Rührbesen auf höchster Stufe geschmeidig rühren. Nach und nach Zucker, Vanillin-Zucker, Aroma und Salz unterrühren. So lange rühren, bis eine gebundene Masse entstanden ist. Eier nach und nach unterrühren (jedes Ei etwa ½ Minute).

3. Mehl mit Backpulver mischen und abwechselnd mit der Milch in 2 Portionen auf mittlerer Stufe unterrühren.

4. Foto 1 Zwei Drittel des Teiges in die Gugelhupfform geben und glatt streichen. Kakao und Zucker mischen, mit der Milch unter den restlichen Teig rühren.

5. Foto 2 Den dunklen Teig in Klecksen auf dem hellen Teig verteilen.
   Foto 3 Mit einer Gabel spiralförmig so durch die Teigschichten ziehen, dass ein Marmormuster entsteht. Die Form auf dem Rost im unteren Drittel in den vorgeheizten Backofen schieben. Den Kuchen **etwa 60 Minuten backen**.

6. Die Form auf einen Kuchenrost stellen und etwa 10 Minuten abkühlen lassen.
   Foto 4 Den Kuchen auf einen mit Backpapier belegten Kuchenrost stürzen und erkalten lassen. Den Kuchen vor dem Servieren mit Puderzucker bestäuben.

Tipp: Der Marmorkuchen hält sich ohne Puderzucker, gut verpackt und gekühlt etwa 1 Woche frisch.

Abwandlung vom Basisrezept

Schokoladen-Marmorkuchen

etwa 14 Stücke · Pro Stück: E: 8 g, F: 31 g, Kh: 49 g, kJ: 2115, kcal: 506, BE: 4,0

Zubereitungszeit: etwa 30 Minuten, ohne Abkühlzeit · *Backzeit:* etwa 60 Minuten

Zutaten: für 1 Basisrezept Rührteig (Marmorkuchen)

Zusätzlich: 100 g Edelbitter-Schokolade (etwa 60 % Kakaobestandteil)

Für den Guss: 200 g Edelbitter-Schokolade (etwa 60 % Kakaobestandteil) · 2 TL Speiseöl, z. B. Sonnenblumenöl

1 Gugelhupfform (Ø 24 cm) · weiche Butter oder Margarine zum Einfetten

1. Schokolade in kleine Stücke hacken. Den Rührteig wie im Basisrezept beschrieben zubereiten. Die Hälfte des Teiges in die vorbereitete Gugelhupfform geben und glatt streichen. Kakao und Zucker mischen, mit Milch und gehackter Schokolade unter den restlichen Teig rühren.

2. Den dunklen Teig in Klecksen auf dem hellen Teig verteilen. Mit einer Gabel spiralförmig so durch die Teigschichten ziehen, dass ein Marmormuster entsteht.

3. Den Kuchen wie beschrieben im vorgeheizten Backofen **etwa 60 Minuten backen**, dann abkühlen lassen und stürzen. Kuchen etwa 2 Stunden erkalten lassen.

4. Für den Guss Schokolade in kleine Stücke brechen und mit dem Öl im Wasserbad unter Rühren schmelzen lassen. Dafür die Schokoladenstücke mit dem Öl in eine Edelstahlschüssel geben. Einen Topf etwa ein Drittel mit Wasser füllen. Die Schüssel in das Wasserbad setzen. Das Ganze bei schwacher Hitze erwärmen, bis die Schokolade geschmolzen ist.

5. **Foto 5** Die Schokolade auf den Kuchen gießen, verteilen und fest werden lassen.

Käsekuchen mit Streuseln

etwa 12 Stücke · Pro Stück: E: 13 g, F: 18 g, Kh: 47 g, kJ: 1716, kcal: 410, BE: 4,0

Zubereitungszeit: etwa 50 Minuten, ohne Abkühlzeit · *Backzeit:* etwa 85 Minuten

Für den Knetteig: 150 g Weizenmehl (Type 405) · ½ gestr. TL Dr. Oetker Backin · 75 g Zucker · 1 Pck. Dr. Oetker Vanillin-Zucker · 1 Prise Salz · 1 Ei (Größe M) · 75 g weiche Butter oder Margarine

Für die Quarkmasse: 3 Eiweiß (Größe M) · 1 Prise Salz · 750 g Magerquark · 200 g Schlagsahne · 3 EL Zitronensaft · 3 Eigelb (Größe M) · 150 g Zucker · 1 Pck. Dr. Oetker Pudding-Pulver Vanille-Geschmack

Für die Streusel: 100 g Weizenmehl (Type 405) · 75 g Zucker · 1 Pck. Dr. Oetker Vanillin-Zucker · 75 g weiche Butter

1 Springform (Ø 26 cm) · weiche Butter oder Margarine zum Einfetten

1. Für den Teig Mehl mit Backpulver in einer Rührschüssel mischen. Zucker, Vanillin-Zucker, Salz, Ei und Butter oder Margarine hinzufügen, mit Handrührgerät mit Knethaken zunächst kurz auf niedrigster, dann auf höchster Stufe gut durcharbeiten.

2. Anschließend auf der leicht bemehlten Arbeitsfläche mit den Händen zu einem glatten Teig verkneten. Den Teig in Frischhaltefolie wickeln und etwa 1 Stunde in den Kühlschrank stellen.

3. Springformboden einfetten. Backofen vorheizen.

   Ober-/Unterhitze: etwa 200 °C
   Heißluft: etwa 180 °C

4. Zwei Drittel des Teiges auf dem Springformboden ausrollen. Den restlichen Teig wieder kalt stellen.
   Foto 1 Die Springform mit dem Springformrand verschließen.
   Foto 2 Den Teigboden mehrmals mit einer Gabel einstechen. Die Form auf dem Rost im unteren Drittel in den vorgeheizten Backofen schieben und den Boden **etwa 10 Minuten vorbacken**.

5. Die Springform nach dem Vorbacken auf einen Kuchenrost stellen und den Boden abkühlen lassen. **Die Backofentemperatur um 20 °C auf Ober-/Unterhitze: etwa 180 °C/Heißluft: etwa 160 °C herunterschalten.**

6. Aus dem restlichen Teig zwei Rollen (je etwa 40 cm lang) formen.
   Foto 3 Die Teigrollen auf den Teigboden legen und so an den Springformrand drücken, dass ein etwa 3 cm hoher Rand entsteht.

7. Für die Quarkmasse Eiweiß mit Salz steif schlagen. Quark, Sahne, Zitronensaft und Eigelb in eine Rührschüssel geben. Zucker mit Pudding-Pulver mischen und dazugeben. Die Zutaten mit Handrührgerät mit Rührbesen glatt rühren.

8. Eiweiß in 2 Portionen mit Handrührgerät mit Rührbesen kurz unter die Quarkmasse rühren.
   Foto 4 Die Quarkmasse auf den vorgebackenen Boden geben und glatt streichen.

9. Für die Streusel Mehl, Zucker, Vanillin-Zucker und Butter in einer Rührschüssel mit Handrührgerät mit Rührbesen zu Streuseln von gewünschter Größe verarbeiten. Streusel gleichmäßig auf der Quarkmasse verteilen. Die Form wieder in den Backofen schieben. Den Kuchen **weitere etwa 75 Minuten backen**.

10. Den Kuchen nach der Backzeit noch 15 Minuten bei leicht geöffneter Backofentür im ausgeschalteten Backofen stehen lassen, damit die Oberfläche nicht reißt.

11. Die Form auf einen Kuchenrost stellen, etwa 20 Minuten abkühlen lassen. Den Kuchen mit einem Messer vom Springformrand lösen. Springformrand entfernen und den Kuchen auf dem Springformboden erkalten lassen.

12. Den Kuchen vor dem Servieren mit einem Messer vom Springformboden lösen und auf eine Tortenplatte geben.

Tipps: Statt Pudding-Pulver 1 Pck. Dr. Oetker Käsekuchen-Hilfe verwenden.
Für einen Klassischen Käsekuchen den Kuchen ohne Streusel backen.

Foto 1

Foto 2

Foto 3

Foto 4

Basisrezept

Omas Nusskuchen

etwa 14 Stücke · Pro Stück: E: 6 g, F: 35 g, Kh: 30 g, kJ: 1978, kcal: 473, BE: 2,5

Zubereitungszeit: etwa 30 Minuten, ohne Abkühlzeit · *Backzeit:* etwa 50 Minuten

Für den Rührteig: 200 g gemahlene Haselnusskerne · 100 g gehackte Haselnusskerne · 275 g weiche Butter oder Margarine · 175 g Zucker · 1 Pck. Dr. Oetker Vanillin-Zucker · 4 Eier (Größe M) · 150 g Weizenmehl (Type 405) · 1 gestr. TL Dr. Oetker Backin

Zum Tränken: 5 EL Rum

Zum Aprikotieren: 3 EL Aprikosenkonfitüre · 1 EL Wasser oder Rum

Für den Guss: 100 g Edelbitter-Schokolade (etwa 60 % Kakaobestandteil) · 1 TL Speiseöl, z. B. Sonnenblumenöl

1 Gugelhupfform (Ø 24 cm) · weiche Butter oder Margarine zum Einfetten · Mehl zum Bestäuben

1. Für den Rührteig die gemahlenen und gehackten Haselnusskerne ohne Fett in eine große Pfanne geben und bei schwacher Hitze unter Rühren hellbraun rösten. Die Nusskerne auf einem Teller erkalten lassen.

2. Die Gugelhupfform einfetten und mit Mehl bestäuben. Den Backofen vorheizen.

   Ober-/Unterhitze: etwa 180 °C
   Heißluft: etwa 160 °C

3. Butter oder Margarine mit Handrührgerät mit Rührbesen auf höchster Stufe geschmeidig rühren. Nach und nach Zucker und Vanillin-Zucker unterrühren. So lange rühren, bis eine gebundene Masse entstanden ist. Eier nach und nach unterrühren (jedes Ei etwa ½ Minute).

4. Mehl mit Backpulver und Haselnusskernen mischen. Mehl-Nuss-Masse in 2 Portionen unter den Teig rühren. Den Teig in die Form füllen und glatt streichen. Die Form auf dem Rost im unteren Drittel in den vorgeheizten Backofen schieben. Den Kuchen **etwa 50 Minuten backen**.

5. Die Form 10 Minuten auf einem Kuchenrost abkühlen lassen. Dann den Kuchen auf einen mit Backpapier belegten Kuchenrost stürzen. Den Kuchen mehrmals mit einem Holzstäbchen einstechen. Den Kuchen mit einem Backpinsel von allen Seiten mit Rum tränken.

6. Zum Aprikotieren Konfitüre mit Wasser oder Rum pürieren oder durch ein Sieb streichen, in einem kleinen Topf unter Rühren einmal kräftig aufkochen. Den Kuchen damit bestreichen und etwa 2 Stunden erkalten lassen.

7. Für den Guss Schokolade in Stücke brechen und mit dem Öl in eine Edelstahlschüssel geben. Einen Topf etwa ein Drittel mit Wasser füllen. Die Schüssel in das Wasserbad setzen. Das Ganze bei schwacher Hitze unter Rühren erwärmen, bis die Schokolade geschmolzen ist.

8. Die Schokolade auf den Kuchen geben, evtl. mit einem Teigschaber die heruntergelaufene Schokolade am Rand verstreichen und fest werden lassen.

   Tipps: Wenn Kinder mitessen, den Rum durch Apfelsaft ersetzen. Der Kuchen ist besonders gut, wenn er 1–2 Tage durchgezogen ist.

Abwandlung vom Basisrezept: Für einen **Nusskuchen mit Aprikosen (Foto S. 41)** 200 g getrocknete Aprikosen in kleine Würfel schneiden. Den Rührteig wie im Basisrezept beschrieben zubereiten. Die Aprikosenwürfel zum Schluss unterrühren. Den Teig in die vorbereitete Gugelhupfform geben und glatt streichen.
Den Kuchen wie beschrieben im vorgeheizten Backofen **etwa 50 Minuten backen**, erkalten lassen und aprikotieren.

Eierlikörkuchen

etwa 14 Stücke · Pro Stück: E: 4 g, F: 22 g, Kh: 39 g, kJ: 1611, kcal: 385 , BE: 3,5

Zubereitungszeit: etwa 20 Minuten · *Backzeit:* etwa 60 Minuten

Für den All-in-Teig: 125 g Weizenmehl (Type 405) · 125 g Speisestärke · 4 gestr. TL Dr. Oetker Backin · 250 g Puderzucker · 2 Pck. Dr. Oetker Vanillin-Zucker · 5 Eier (Größe M) · 250 ml (1/4 l) Speiseöl, z.B. Sonnenblumenöl · 250 ml (1/4 l) Eierlikör

Zum Bestäuben: Puderzucker

1 Gugelhupfform (Ø 24 cm) · weiche Butter oder Margarine zum Einfetten · Mehl zum Bestäuben

1. Die Gugelhupfform einfetten und mit Mehl bestäuben. Den Backofen vorheizen.

   Ober-/Unterhitze: etwa 180 °C
   Heißluft: etwa 160 °C

2. **Foto 1** Für den All-in-Teig Mehl mit Speisestärke und Backpulver in einer Rührschüssel mischen. Puderzucker, Vanillin-Zucker, Eier, Speiseöl und Eierlikör hinzufügen.
   Foto 2 Die Zutaten mit Handrührgerät mit Rührbesen auf höchster Stufe in 1 Minute zu einem glatten Teig verarbeiten.

3. **Foto 3** Den Teig mit einem Teigschaber vom Schüsselrand lösen.
   Foto 4 Den Teig in die Gugelhupfform gießen. Die Form auf dem Rost im unteren Drittel in den vorgeheizten Backofen schieben. Kuchen **etwa 60 Minuten backen**.

4. Die Form auf einen Kuchenrost stellen. Den Kuchen etwa 10 Minuten in der Form stehen lassen. Dann den Kuchen auf einen mit Backpapier belegten Kuchenrost stürzen. Kuchen erkalten lassen.

5. Den Kuchen dann mit Puderzucker bestäuben.

Ananas-Kirsch-Schüttelkuchen

etwa 12 Stücke · Pro Stück: E: 8 g, F: 11 g, Kh: 27 g, kJ: 1014, kcal: 242, BE: 2,5

Zubereitungszeit: etwa 25 Minuten, ohne Abkühlzeit · *Backzeit:* etwa 60 Minuten

Für den Belag: 1 Glas Sauerkirschen (Abtropfgewicht 175 g) · 1 Dose Ananasscheiben (8 Scheiben, Abtropfgewicht 270 g)

Für den Schüttelteig: 125 g Butter oder Margarine · 50 g Weizengrieß · 1 gestr. TL Dr. Oetker Backin · 125 g Zucker · 1 Pck. Dr. Oetker Vanillin-Zucker · 500 g Magerquark · 3 Eier (Größe M) · 2 EL Zitronensaft · 2 EL Ananassaft (aus der Dose)

Für den Guss: 1 Pck. Tortenguss, klar · 250 ml (¼ l) Ananassaft (aus der Dose) · 1 TL Zucker

1 Springform (Ø 26 cm) · weiche Butter oder Margarine zum Einfetten

1. Für den Belag Sauerkirschen und Ananasscheiben in je einem Sieb abtropfen lassen. Dabei den Ananassaft auffangen und davon 2 Esslöffel und 250 ml (¼ l) Saft abmessen.

2. Für den Teig Butter oder Margarine in einem kleinen Topf zerlassen, abkühlen lassen.

3. Springformboden einfetten. Backofen vorheizen.

   Ober-/Unterhitze: etwa 180 °C
   Heißluft: etwa 160 °C

4. **Foto 1** Grieß mit Backpulver, Zucker und Vanillin-Zucker in einem verschließbaren Schüttelbecher (etwa 1,9 Liter Inhalt) mischen.
   Foto 2 Quark, Eier, Zitronen- und Ananassaft und Butter oder Margarine hinzufügen. Den Becher mit dem Deckel fest verschließen.

5. **Foto 3** Die Zutaten im Becher mehrmals (insgesamt 15–30 Sekunden) kräftig schütteln, sodass alle Zutaten gut vermischt sind.
   Foto 4 Trockene Zutaten mit einem Teigschaber vom Rand lösen. Den Teig mit einem Schneebesen nochmals durchrühren, in die Springform geben und glatt streichen.

6. Ananasscheiben gleichmäßig darauf verteilen. Die Kirschen in die Lücken geben. Die Form auf dem Rost auf mittlerer Einschubleiste in den vorgeheizten Backofen schieben. Den Kuchen **etwa 60 Minuten backen**.

7. Die Form auf einen Kuchenrost stellen. Den Kuchen etwa 10 Minuten abkühlen lassen. Dann den Kuchenrand mit einem Messer vom Springformrand lösen. Springformrand entfernen. Den Kuchen auf dem Springformboden erkalten lassen.

8. Aus Tortenguss, Saft und Zucker nach Packungsanleitung einen Guss zubereiten. Den Guss mit einem Esslöffel von der Mitte aus zügig über die Früchte geben. Die Torte mindestens 1 Stunde in den Kühlschrank stellen.

9. Den Kuchen vor dem Servieren mit einem Messer vom Springformboden lösen und auf eine Tortenplatte umsetzen.

Tipp: Der Teig kann auch wie ein All-in-Teig zubereitet werden. Dazu die Teigzutaten in einer Rührschüssel mit Handrührgerät mit Rührbesen auf höchster Stufe in 1 Minute zu einem glatten Teig verarbeiten.

Foto 1

Foto 2

Foto 3

Foto 4

Obsttarte

etwa 12 Stücke · Pro Stück: E: 6 g, F: 15 g, Kh: 36 g, kJ: 1292, kcal: 309, BE: 3,0

Zubereitungszeit: etwa 35 Minuten, ohne Abkühlzeit · *Backzeit:* 30–45 Minuten

Für den Knetteig: 200 g Weizenmehl (Type 405) · 40 g Zucker · 1 Prise Salz · 125 g weiche Butter oder Margarine

Für den Belag: 1 kleine Dose Aprikosenhälften (Abtropfgewicht 250 g) · 2 Birnen (etwa 300 g) · 100 g grüne, kernlose Weintrauben

Für die Mandelmasse: 75 g Zucker · ½ Pck. Dr. Oetker Finesse Geriebene Zitronenschale · 100 g abgezogene, gemahlene Mandeln · 2 EL Speisestärke · 4 Eier (Größe M)

Zum Aprikotieren: 2 EL Aprikosenkonfitüre · 1 EL Aprikosensaft (aus der Dose) oder Wasser

1 Tarteform (Ø 26–28 cm) · weiche Butter oder Margarine zum Einfetten · Backpapier

1. Für den Teig Mehl mit Zucker und Salz in einer Rührschüssel mischen. Butter oder Margarine und Wasser hinzufügen und alles mit Handrührgerät mit Knethaken zunächst auf niedrigster, dann auf höchster Stufe 1 Minute durcharbeiten.

2. **Foto 1** Den Teig auf der leicht bemehlten Arbeitsfläche mit den Händen zu einem glatten Teig verkneten. Den Teig in Frischhaltefolie gewickelt etwa 1 Stunde in den Kühlschrank stellen.

3. Den Backofen vorheizen.

   Ober-/Unterhitze: etwa 200 °C
   Heißluft: etwa 180 °C

4. Backpapier in Größe der Tarteform ausschneiden. Tarteformboden leicht einfetten und mit Backpapier belegen.

5. Zwei Drittel des Teiges (restlichen Teig eingewickelt wieder in den Kühlschrank stellen) auf der leicht bemehlten Arbeitsfläche zu einer runden Platte (Ø etwa 26 cm) ausrollen. Den Teig erst zur Hälfte, dann zu einem Viertel einschlagen und in die Form legen. Die Teigplatte wieder auseinanderklappen und an den Formboden drücken. Den Teigboden mit einer Gabel mehrmals einstechen.

6. Die Form auf dem Rost auf mittlerer Einschubleiste in den vorgeheizten Backofen schieben. Den Tarteboden **10–15 Minuten vorbacken**.

7. Die Form auf einen Kuchenrost stellen. Den vorgebackenen Teigboden etwa 20 Minuten abkühlen lassen.

8. Für den Belag Aprikosenhälften in einem Sieb abtropfen lassen. Dabei den Saft auffangen. Birnen schälen, vierteln, entkernen und achteln. Weintrauben waschen, gut auf Küchenpapier abtropfen lassen, entstielen und halbieren.

9. Für die Mandelmasse Zucker, Zitronenschale, Mandeln und Speisestärke in eine Rührschüssel geben und gut vermischen. Eier unterrühren.

10. Aus dem restlichen Teig zwei Rollen (je etwa 40 cm lang) formen.
    Foto 2 Die Teigrollen am Rand auf den vorgebackenen Tarteboden legen und an den Tarteformrand drücken. Mandelmasse auf dem Boden verteilen.

11. **Foto 3** Das Obst darauf verteilen. Die Form wieder in den Backofen schieben und bei gleicher Backofeneinstellung **weitere 20–30 Minuten backen**. Dann die Form auf einen Kuchenrost stellen.

12. Zum Aprikotieren Konfitüre in einem Topf mit Aprikosensaft oder Wasser pürieren, unter Rühren kräftig aufkochen.
    Foto 4 Den heißen Kuchen mit einem Backpinsel damit bestreichen.

13. Die Tarte auf dem Kuchenrost erkalten lassen. Die Tarte mit einem Pfannenwender vorsichtig auf eine Tortenplatte legen, das Backpapier entfernen.

Tipp: Die Obsttarte kann auch in einer Springform (Ø 26 cm) zubereitet werden. Dann den Teigrand (siehe Punkt 10) etwa 1 cm hoch an den Springformrand drücken.

Foto 1

Foto 2

Foto 3

Foto 4

Basisrezept

Apfeltarte mit Sahneguss

etwa 12 Stücke · Pro Stück: E: 4 g, F: 14 g, Kh: 31 g, kJ: 1115, kcal: 267, BE: 2,5

Zubereitungszeit: etwa 35 Minuten, ohne Abkühlzeit · *Backzeit:* 30–42 Minuten

Für den Knetteig: 200 g Weizenmehl (Type 405) · 40 g Zucker · 1 Prise Salz · 125 g weiche Butter oder Margarine

Für den Belag: 5–6 mittelgroße säuerliche Äpfel (etwa 750 g)

Für den Guss: 2 TL Speisestärke · 75 g Zucker · 1 Pck. Dr. Oetker Bourbon-Vanille-Zucker · 3 Eier (Größe M) · 125 g Schlagsahne

Zum Bestäuben: etwas Puderzucker

1 Tarteform (Ø 26–28 cm) · weiche Butter oder Margarine zum Einfetten · Backpapier

1. Für den Teig Mehl mit Zucker und Salz in einer Rührschüssel mischen. Butter oder Margarine hinzufügen und alles mit Handrührgerät mit Knethaken zunächst auf niedrigster, dann auf höchster Stufe 1 Minute durcharbeiten.

2. Den Teig auf der leicht bemehlten Arbeitsfläche mit den Händen zu einem glatten Teig verkneten. Den Teig in Frischhaltefolie gewickelt etwa 1 Stunde in den Kühlschrank stellen.

3. Backpapier in Größe der Tarteform ausschneiden. Tarteformboden leicht einfetten und mit Backpapier belegen. Den Backofen vorheizen.

   Ober-/Unterhitze: etwa 200 °C
   Heißluft: etwa 180 °C

4. Zwei Drittel des Teiges (restlichen Teig eingewickelt wieder in den Kühlschrank stellen) auf der leicht bemehlten Arbeitsfläche zu einer runden Platte (Ø etwa 26 cm) ausrollen. Den Teig erst zur Hälfte, dann zu einem Viertel einschlagen und in die Form legen. Die Teigplatte wieder auseinanderklappen und an den Formboden drücken. Den Teigboden mit einer Gabel mehrmals einstechen.

5. Die Form auf dem Rost auf mittlerer Einschubleiste in den vorgeheizten Backofen schieben. Den Tarteboden **10–12 Minuten vorbacken**. Dann die Form auf einen Kuchenrost stellen. Vorgebackenen Teigboden etwa 20 Minuten abkühlen lassen.

6. Für den Belag Äpfel schälen, vierteln und entkernen. Die Apfelviertel längs halbieren.

7. Für den Guss Speisestärke, Zucker und Vanille-Zucker in einer Rührschüssel vermischen. Eier und Sahne dazugeben, alles mit einem Schneebesen gut verrühren.

8. Aus dem restlichen Teig zwei Rollen (je etwa 40 cm lang) formen. Die Teigrollen auf den vorgebackenen Teig legen und an den Tarteformrand drücken. Apfelachtel kranzförmig, von außen nach innen, auf dem Teigboden verteilen. Den Guss über die Äpfel gießen.

9. Die Form wieder in den Backofen schieben und bei gleicher Backofeneinstellung **weitere 20–30 Minuten backen**. Dann den Kuchen auf einem Kuchenrost erkalten lassen.

10. Die Tarte mit einem Pfannenwender vorsichtig auf eine Tortenplatte legen. Backpapier entfernen. Tarte mit Puderzucker bestäuben.

Tipp: Die Apfeltarte kann auch in einer Springform (Ø 26–28 cm) zubereitet werden.

Abwandlung vom Basisrezept

Zitronen-Kirsch-Tarte

etwa 12 Stücke · Pro Stück: E: 4 g, F: 14 g, Kh: 29 g, kJ: 1112, kcal: 266, BE: 2,5

Zubereitungszeit: etwa 35 Minuten, ohne Abkühlzeit · *Backzeit:* 40–42 Minuten

Zutaten: für 1 Basisrezept Knetteig (Apfeltarte mit Sahneguss)

Für den Belag: 1 Glas Sauerkirschen (Abtropfgewicht 350 g)

Für den Zitronenguss: 3 Eier (Größe M) · 1 Becher (150 g) Crème fraîche · 80 g Zucker · 100 ml Zitronensaft

1 Springform (Ø 26 cm) · Backpapier

1. Den Knetteig wie im Basisrezept beschrieben zubereiten und in den Kühlschrank stellen.

2. Einen Bogen Backpapier auf den Boden der Springform legen und mit dem Springformrand straff einspannen.

3. Den Teigboden wie beschrieben ausrollen, in die Form geben, **10–12 Minuten im vorgeheizten Backofen vorbacken** und abkühlen lassen.

4. Für den Belag die Sauerkirschen in einem Sieb abtropfen lassen. Für den Guss Eier, Crème fraîche und Zucker zu einer glatten Masse verrühren. Zitronensaft unterrühren.

5. Den restlichen Teig wie beschrieben etwa 1 cm hoch an den Springformrand drücken. Die Kirschen auf dem vorgebackenen Boden verteilen. Den Guss auf die Kirschen gießen.

6. Die Tarte wie beschrieben **weitere etwa 30 Minuten backen** und dann erkalten lassen.

Basisrezept

Rotweinkuchen

etwa 14 Stücke · Pro Stück: E: 6 g, F: 25 g, Kh: 41 g, kJ: 1778, kcal: 425, BE: 3,5

Zubereitungszeit: etwa 30 Minuten, ohne Abkühlzeit · *Backzeit:* 70–75 Minuten

Für den Rührteig: 250 g weiche Butter oder Margarine · 125 g Zucker · 1 Pck. Dr. Oetker Vanillin-Zucker · 1 Prise Salz · 4 Eier (Größe M) · 2 EL Rum · 250 g Weizenmehl (Type 405) · 3 TL Kakaopulver · 1–2 TL gemahlener Zimt · 3 gestr. TL Dr. Oetker Backin · 175 g Zartbitter-Raspelschokolade · 100 g gehackte Mandeln · 125 ml (1/8 l) Rotwein

Für den Guss: 150 g Puderzucker · 1–2 EL Rotwein

Zum Bestreuen: 25 g Zartbitter-Raspelschokolade

1 Gugelhupfform (Ø 24 cm) · weiche Butter oder Margarine zum Einfetten

1. Die Gugelhupfform einfetten und den Backofen vorheizen.

   Ober-/Unterhitze: etwa 180 °C
   Heißluft: etwa 160 °C

2. Butter oder Margarine in einer Rührschüssel mit Handrührgerät mit Rührbesen auf höchster Stufe geschmeidig rühren. Nach und nach Zucker, Vanillin-Zucker und Salz unter Rühren hinzufügen, so lange rühren, bis eine gebundene Masse entstanden ist. Eier nach und nach unterrühren (jedes Ei etwa ½ Minute). Rum hinzufügen.

3. Mehl mit Kakao, Zimt und Backpulver mischen, abwechselnd mit Raspelschokolade, Mandeln und Rotwein in 2 Portionen auf mittlerer Stufe unterrühren.

4. Den Teig in die Form füllen und glatt streichen. Die Form auf dem Rost im unteren Drittel in den vorgeheizten Backofen schieben. Den Kuchen **70–75 Minuten backen**.

5. Die Form auf einen Kuchenrost stellen. Den Kuchen etwa 10 Minuten abkühlen lassen, dann auf einen mit Backpapier belegten Kuchenrost stürzen und etwa 2 Stunden erkalten lassen.

6. Für den Guss Puderzucker sieben und mit Rotwein zu einer dickflüssigen Masse verrühren. Den Kuchen mit dem Guss bestreichen und mit der Raspelschokolade bestreuen. Guss fest werden lassen.

Abwandlung vom Basisrezept

Schokoladen-Rotwein-Kuchen

etwa 12 Stücke · Pro Stück: E: 9 g, F: 39 g, Kh: 49 g, kJ: 2490, kcal: 595, BE: 4,0

Zubereitungszeit: etwa 35 Minuten, ohne Abkühlzeit · *Backzeit:* etwa 60 Minuten

Zutaten: für ein Basisrezept Rührteig (Rotweinkuchen, **ohne** Rotwein)

Zum Einweichen: 125 ml (1/8 l) Rotwein · 100 g Korinthen

Für Guss und Füllung: 200 g Edelbitter-Schokolade (etwa 60 % Kakaobestandteil) · 100 g Schlagsahne · 1 EL rotes Johannisbeergelee

Zum Bestreuen: 25 g Zartbitter-Raspelschokolade

1 Springform (Ø 26 cm) · weiche Butter oder Margarine zum Einfetten

1. Zum Einweichen Rotwein in einem kleinen Topf bei schwacher Hitze erwärmen. Korinthen hinzugeben. Topf von der Kochstelle nehmen. Korinthen mindestens 30 Minuten ziehen lassen. Springformboden einfetten. Backofen wie im Basisrezept beschrieben vorheizen.

2. Den Rührteig wie im Basisrezept beschrieben (ohne Rotwein) zubereiten. Eingeweichte Rotwein-Korinthen zuletzt unterrühren. Den Teig in der Springform verstreichen. Kuchen wie beschrieben **etwa 60 Minuten backen**.

3. Die Form auf einem Kuchenrost etwa 10 Minuten abkühlen lassen. Den Kuchen aus der Form lösen, auf einen mit Backpapier belegten Kuchenrost legen und etwa 1 Stunde erkalten lassen.

4. Für Guss und Füllung die Schokolade in Stücke brechen, mit der Sahne im Wasserbad bei schwacher Hitze unter Rühren schmelzen lassen. Dafür die Schokoladenstücke mit der Sahne in eine Edelstahlschüssel geben. Einen Topf etwa ein Drittel mit Wasser füllen. Die Schüssel in das Wasserbad setzen. Das Ganze bei schwacher Hitze erwärmen, bis die Schokolade geschmolzen ist.

5. Den Kuchen mit einem Sägemesser einmal waagerecht durchschneiden. Obere Gebäckhälfte mit einer Tortenscheibe abheben. Untere Gebäckhälfte auf eine Tortenplatte legen, mit Gelee bestreichen.

6. Die Hälfte der Schokoladen-Sahne-Masse auf das Gelee geben und vorsichtig verstreichen. Den oberen Boden auflegen und leicht andrücken.

7. Restliche Schokoladen-Sahne-Masse auf die Oberfläche geben, mit einem Teigschaber verteilen und mit Raspelschokolade bestreuen. Die Torte etwa 1 Stunde in den Kühlschrank stellen.

Die Stars auf dem Kaffeetisch

Torten

Torten sind wahrhaft die Königinnen unter den Gebäcken und stehen immer im Mittelpunkt. Verschwenderisch garniert und verführerisch gefüllt sind sie die pure Verlockung auf Ihrer Kaffeetafel.

So aufwändig, wie sie scheinen, sind die Prachtstücke gar nicht. Ein Boden ist schnell gebacken, geteilt und gefüllt.

Ratgeber

Torten

Hier finden Sie die wichtigsten Torten-Tipps für sicheres Gelingen.

Tortenböden teilen

Einen Tortenboden können Sie mit einem Sägemesser in einzelne Böden teilen. Besonders gut lassen sich Böden teilen, die bereits am Vortag gebacken wurden. Den Tortenboden legen Sie so auf einen Bogen Backpapier oder eine Tortenscheibe, dass die Unterseite, die besonders schön glatt ist, nach oben kommt. Damit die Böden gleichmäßig dick werden, den Tortenrand mit einem spitzen Messer ringsherum etwa 1 cm tief einschneiden **(Foto 1)**. Dann den Boden mit der einer Hand gegen den Uhrzeigersinn drehen und gleichzeitig mit der messerführenden Hand schneiden. Oder einen festen Faden in die Einschnitte legen, die Enden überkreuzen und den Faden fest anziehen, dabei schneidet der Faden den Boden durch **(Foto 2)**.

Tortenböden abheben

Damit die geschnittenen Tortenböden nicht durchbrechen, heben Sie jeden Boden einzeln mithilfe von Backpapier oder einer Tortenscheibe ab **(Foto 3)**. Dazu das Backpapier an der vorderen Kante nach unten knicken und unter den oberen Boden schieben. Mit den Fingern ab und zu den Boden leicht anheben, um das Backpapier nachzuziehen. Heben Sie nun den oberen Boden ab. Dabei darauf achten, dass Sie beim Anheben das Backpapier möglichst waagerecht halten, da der Boden sonst leicht durchbrechen könnte.

Die wahre Wonne – Tortenfüllungen

Sahne: Mit Schlagsahne lassen sich die verschiedensten Füllungen zubereiten. Je höher der Fettgehalt, desto besser lässt sich die Sahne schlagen und um so fester wird sie. Daher sollten Sie für Ihre Tortenfüllung nur Sahne mit mindestens 30 % Fett verwenden. Die Sahne und der hohe Rührbecher müssen gut gekühlt sein. Die Sahne nicht zu lange schlagen, sonst wird sie zu Butter. Soll die Sahne längere Zeit steif bleiben, geben Sie Sahnesteif nach Packungsanleitung hinzu.

Buttercreme: Der Klassiker unter den Füllungen. Einfache Buttercreme besteht meist aus Butter und Pudding und eignet sich auch gut zum Verzieren. Je nach Rezept können weitere Zutaten, wie z. B. Alkohol, unter die Creme gerührt werden. Alle Zutaten für eine Buttercreme sollten Zimmertemperatur haben, wenn sie zusammengerührt werden. Falls die Buttercreme doch gerinnt, 25 g Kokosfett zerlassen und im heißen Zustand langsam mit dem Handrührgerät unter die Creme rühren. Buttercremes lassen sich auch gut am Vortag zubereiten. Zum Füllen die Buttercreme im Wasserbad leicht erwärmen und anschließend mit dem Handrührgerät wieder gut verrühren.

Obstfüllungen: Obsttorten sollten Sie möglichst frisch genießen, da der saftige Belag die Böden schnell durchweichen lässt. Verwenden Sie frisches Obst der Saison oder alternativ Obst aus Dosen oder Gläsern. Besonders in Kombination mit Sahne, Creme oder Pudding schmecken Obstfüllungen köstlich.

Gelatine richtig verwenden

Tortenfüllungen lassen sich ideal mit Gelatine festigen. Blattgelatine und Pulvergelatine gibt es in Rot und Weiß. Soll eine Flüssigkeit sturzfest werden, gilt als Faustregel: 6 Blatt oder 1 Päckchen gemahlene Gelatine auf 500 ml (½ l) Flüssigkeit. Denken Sie daran, dass sich ohne Temperaturausgleich zwischen der warmen Gelatinelösung und der kälteren Flüssigkeit oder Creme Klümpchen bilden können. Verrühren Sie daher zunächst etwas von der zu festigenden Flüssigkeit mit der lauwarmen Gelatinelösung und geben Sie die Mischung erst dann unter Rühren in die übrige Flüssigkeit oder Creme. Zum Festigen stellen Sie die Torten für einige Stunden in den Kühlschrank.

Blattgelatine: Gelatineblätter einzeln in kaltes Wasser legen, etwa 5 Minuten quellen lassen. Dann herausnehmen, leicht ausdrücken und tropfnass in einem kleinen Topf bei schwacher Hitze unter Rühren auflösen.

Pulvergelatine: Gemahlene Gelatine mit 4–6 Esslöffeln kaltem Wasser (Packungsanleitung beachten), Saft oder Alkohol (je nach Rezept) in einem kleinen Topf anrühren. 5 Minuten quellen lassen. Danach unter Rühren bei schwacher Hitze auflösen.

Schlagsahne festigen, z. B. für Tortenfüllungen: Schlagen Sie die Sahne fast steif. Dann geben Sie die lauwarme Gelatinelösung auf einmal unter Rühren zur Schlagsahne und schlagen die Sahne weiter, bis sie vollkommen steif ist. Steif geschlagene, mit Gelatine verrührte Sahne können Sie sofort verwenden.

Tortenböden füllen und bestreichen

Zum Verstreichen Ihrer vorbereiteten Füllungen eignen sich große Messer, eine Teigkarte oder ein Teigschaber. Nachdem Sie die Füllung auf dem untersten Boden verteilt haben, setzen Sie den mittleren Boden wieder „Kante auf Kante" darauf. Den mittleren Boden wiederum mit Füllung bestreichen und den obersten Boden auflegen. Die Oberfläche und den Rand Ihrer Torte sollten Sie zunächst nur dünn mit etwas Füllung bestreichen, um die Brösel zu binden. Dann erst die übrige Füllung rundherum verstreichen **(Foto 4)**.

Foto 3

Foto 4

Tortenrand verzieren

Bevor Sie Ihre Torte zum Abschluss verzieren, können Sie die Oberfläche mit einem Tortenteiler oder Messer in Tortenstücke einteilen. Die Markierungen sind eine nützliche Hilfe beim gleichmäßigen Schneiden der Tortenstücke und Anhaltspunkte zum Garnieren. Den Tortenrand können Sie nach Belieben mit Raspelschokolade, Krokant, gehobelten Mandeln, gemahlenen Haselnusskernen oder gebräunten Kokosraspeln bestreuen. Legen Sie dazu z. B. die Raspel ganz dicht an die Torte und schieben Sie diese mit einer Teigkarte oder einem Messer vorsichtig am Rand hoch.

Torte mit Schokoladenguss überziehen

Möchten Sie Ihre gebackene Torte mit einem Guss überziehen, sollten Sie die Torte vorher mit Konfitüre einstreichen. Ansonsten würde der Guss in die Torte einziehen. Setzen Sie die Torte auf eine Tortenplatte ohne Rand. Bereiten Sie den Guss aus Kuvertüre oder Schokolade zu und gießen Sie ihn mitten auf die Tortenoberfläche **(Foto 5)**. Es ist wichtig, das der Guss die richtige Konsistenz hat. Er muss gut haften bleiben und gleichzeitig das Gebäck in einer glatten Schicht abdecken. Zu dicker Guss lässt sich schlecht auftragen. Zu dünner Guss deckt nicht ab und sickert in das Gebäck. Den Guss durch das Schräghalten der Torte gleichmäßig auf der Oberfläche und am Rand verlaufen lassen **(Foto 6)**. Evtl. etwas mit einem Tortenmesser nachhelfen. Um eine gleichmäßige, glatte Oberfläche zu erhalten, heben Sie die Tortenscheibe ein- bis zweimal etwas an und lassen ihn wieder vorsichtig fallen. Damit der Guss nicht vor dem Umsetzen fest wird und dabei später bricht, lösen Sie die Torte

Foto 5

Foto 6

umgehend mit dem Messer von der Tortenscheibe. Durch leichte Schrägstellung der Tortenscheibe und Führung der Torte durch das Messer können Sie die Torte vorsichtig auf die Tortenplatte gleiten lassen.

Torten aufbewahren

Sahne- und Cremetorten können zugedeckt 1–2 Tage im Kühlschrank aufbewahrt werden. Zum Einfrieren ist es empfehlenswert, mit Schlagsahne oder Creme verzierte Torten vorzufrieren und erst dann zu verpacken, damit die Verzierungen nicht beschädigt werden. Ganze Sahnetorten sollten Sie in einer großen Gefrierdose einfrieren und darin auch wieder auftauen. Einmal aufgetaut lässt sich die Torte nicht wieder einfrieren.
Je nach Höhe und Art des Gebäcks benötigen Torten mit Obstfüllung oder Obst-Sahne-Torten längere Zeit zum Auftauen als reine Sahnetorten. Die Auftauzeit im Kühlschrank beträgt mehrere Stunden. In angetautem Zustand lässt sich Ihre Torte am einfachsten schneiden. Gefroren sind Torten 3 Monate, höchstens 6 Monate haltbar.

Tolle Tortentipps

So gehen Tortenböden gleichmäßig auf: Oft wölbt sich die Mitte des fertigen Bodens höher als die Ränder. Das vermeiden Sie, wenn Sie nur den Boden, nicht die Ränder der Springform einfetten.
Füllungen richtig anordnen: Schwere Füllungen z. B. mit Früchten sollten Sie auf den untersten Boden, die leichteren Sahne- und Cremefüllungen zwischen die oberen Böden geben. Das erleichtert Ihnen das Schneiden der Torte und vermeidet das Verrutschen der Böden.
Glänzender Schokoladenguss: Fügen Sie beim Schmelzen der Schokolade 1 Teelöffel Speiseöl zu. Das macht den Guss gleichmäßiger und das Verteilen leichter. Außerdem glänzt der Guss schön.
Schnell Torten verzieren: Legen Sie eine Tortenspitze auf die Oberfläche und bestäuben Sie die Torte mit Kakao, Schokoraspeln oder Puderzucker. Auch aus Papier lassen sich schnell fantasievolle Figuren zuschneiden und als Schablonen benutzen.

Erdbeer-Schmand-Torte

etwa 12 Stücke · Pro Stück: E: 4 g, F: 17 g, Kh: 27 g, kJ: 1196, kcal: 286, BE: 2,5

Zubereitungszeit: etwa 50 Minuten, ohne Abkühlzeit · *Backzeit:* etwa 25 Minuten

Für den All-in-Teig: 80 g Butter oder Margarine · 170 g Weizenmehl (Type 405) · 2 gestr. TL Dr. Oetker Backin · 80 g Zucker · 1 Pck. Dr. Oetker Vanillin-Zucker · 2 Eier (Größe M) · 100 ml Buttermilch

Für den Belag: 500 g Schmand (24 % Fett) · 1 Pck. Dr. Oetker Vanillin-Zucker · 30 g Zucker · 500 g Erdbeeren

Für den Guss: 1 Pck. Tortenguss, klar · 250 ml (¼ l) Orangensaft

1 Springform (Ø 26 cm) · weiche Butter oder Margarine zum Einfetten

1. Für den All-in-Teig Butter oder Margarine in einem kleinen Topf zerlassen, dann etwas abkühlen lassen.

2. Springformboden einfetten und den Backofen vorheizen.

   Ober-/Unterhitze: etwa 180 °C
   Heißluft: etwa 160 °C

3. Mehl mit Backpulver in einer Rührschüssel mischen. Zucker, Vanillin-Zucker, Eier, Butter oder Margarine und Buttermilch hinzufügen. Die Zutaten mit Handrührgerät mit Rührbesen auf höchster Stufe in 1 Minute zu einem glatten Teig verarbeiten. Den Teig in die Springform füllen.

4. Die Form auf dem Rost im unteren Drittel in den vorgeheizten Backofen schieben. Den Tortenboden **etwa 25 Minuten backen**.

5. **Foto 1** Die Form auf einen Kuchenrost setzen und den Boden etwa 10 Minuten abkühlen lassen.

6. Für den Belag Schmand mit Vanillin-Zucker und Zucker in einer Schüssel verrühren.

7. Den Tortenboden aus der Form lösen und auf eine Tortenplatte legen. Den Springformrand säubern und um den Tortenboden stellen.

8. **Foto 2** Die Schmandmasse sofort auf dem noch warmen Tortenboden verteilen und glatt streichen. Die Torte vollständig erkalten lassen.

9. Erdbeeren waschen, gut abtropfen lassen, entstielen und halbieren.
   Foto 3 Die Erdbeeren dachziegelartig von außen nach innen auf die Schmandmasse legen.

10. Aus Tortenguss und Saft nach Packungsanleitung einen Guss zubereiten.
    Foto 4 Den Guss mit einem Esslöffel von der Mitte aus zügig über die Erdbeeren geben. Die Torte mindestens 1 Stunde in den Kühlschrank stellen.

11. Dann den Springformrand mit einem kalt abgespülten Messer lösen und entfernen.

Foto 1

Foto 2

Foto 3

Foto 4

Basisrezept

Frischkäse-Torte

etwa 12 Stücke · Pro Stück: E: 5 g, F: 28 g, Kh: 22 g, kJ: 1528, kcal: 365, BE: 2,0

Zubereitungszeit: etwa 35 Minuten, ohne Abkühlzeit

Für den Bröselboden: 150 g Löffelbiskuits · 125 g Butter

Für den Belag: 1 Beutel aus 1 Pck. Götterspeise Zitronen-Geschmack · 200 ml Wasser · 200 g Doppelrahm-Frischkäse · 125 g Zucker · 1 Pck. Dr. Oetker Vanillin-Zucker · 2 EL Zitronensaft · 500 g Schlagsahne

1 Springform (Ø 26 cm) · Backpapier

1. Einen Bogen Backpapier auf den Boden der Springform legen und mit dem Springformrand straff einspannen.

2. Für den Bröselboden Löffelbiskuits in einen Gefrierbeutel geben. Den Beutel verschließen.

3. **Foto 1** Löffelbiskuits mit einer Teigrolle fein zerbröseln. Butter in einem kleinen Topf bei schwacher Hitze zerlassen. Biskuitbrösel dazugeben und gut verrühren.

4. **Foto 2** Die Bröselmasse in die Springform füllen und mit einem Löffel gleichmäßig als Boden andrücken. Die Form mindestens 15 Minuten in den Kühlschrank stellen.

5. Für den Belag Götterspeise mit Wasser in einem kleinen Topf anrühren.
Foto 3 Götterspeise bei schwacher Hitze erwärmen (nicht kochen), bis sie vollständig gelöst ist. 15 Minuten abkühlen lassen.

6. Frischkäse mit Zucker, Vanillin-Zucker und Zitronensaft in eine Rührschüssel geben, mit Handrührgerät mit Rührbesen verrühren.
Foto 4 Aufgelöste Götterspeise nach und nach unterrühren.
Foto 5 Sahne steif schlagen und in 2 Portionen kurz unter die Frischkäsemasse rühren.

7. **Foto 6** Die Frischkäsecreme auf den Bröselboden geben und mit einem Teigschaber wellenartig verstreichen. Die Torte mindestens 2 Stunden in den Kühlschrank stellen.

8. Den Springformrand mit einem kalt abgespülten Messer von der Creme lösen und entfernen. Die Torte mithilfe eines Tortenhebers vom Backpapier lösen und auf eine Tortenplatte setzen.

Foto 1

Foto 2

Foto 3

Foto 4

Foto 5

Foto 6

Abwandlung vom Basisrezept: Für eine **Käse-Beeren-Torte (Foto S. 63)** einen Bröselboden wie im Basisrezept beschrieben zubereiten und in den Kühlschrank stellen. Für den Belag 8 Blatt weiße Gelatine nach Packungsanleitung einweichen.
600 g Doppelrahm-Frischkäse, 300 g Joghurt und 125 g Zucker mit Handrührgerät mit Rührbesen geschmeidig rühren. 180 ml weißer Traubensaft und 20 ml Zitronensaft in einem Topf bei schwacher Hitze erwärmen. Die Gelatine leicht ausdrücken, hinzufügen und unter Rühren auflösen. Die Gelatinemischung zuerst mit etwa 4 Esslöffeln von der Frischkäse-Joghurt-Masse verrühren, dann unter die restliche Frischkäse-Joghurt-Masse rühren. Den Belag in den Kühlschrank stellen, bis er beginnt dicklich zu werden.
300 g gemischte frische Beeren verlesen, kurz abspülen, gut auf Küchenpapier abtropfen lassen und entstielen. Einige Beeren zum Garnieren beiseitelegen. Restliche Beeren vorsichtig unter den Belag heben. Den Belag auf dem Bröselboden verstreichen.
Die Torte etwa 4 Stunden in den Kühlschrank stellen.
Zum Servieren die Torte mit den beiseite gelegten Beeren garnieren.

Amaretti-Kirsch-Torte

etwa 12 Stücke · Pro Stück: E: 6 g, F: 16 g, Kh: 39 g, kJ: 1398, kcal: 333, BE: 3

Zubereitungszeit: etwa 45 Minuten, ohne Abkühlzeit

Für den Boden: 125 g Butter · 150 g Löffelbiskuits · 50 g Amarettini-Kekse (ital. Makronengebäck)

Für die Puddingcreme: 4 Blatt weiße Gelatine · 700 ml Milch · 80 g Zucker · 2 Pck. Dr. Oetker Pudding-Pulver Sahne-Geschmack · 400 g saure Sahne

1 Glas Sauerkirschen (Abtropfgewicht 350 g) · 300 ml Kirschsaft · 1 Pck. Tortenguss, klar · 2 gestr. EL Zucker · 1–2 EL gehobelte Mandeln

1 Springform (Ø 26 cm) · Backpapier

1. Einen Bogen Backpapier auf den Boden der Springform legen und mit dem Springformrand straff einspannen.

2. Für den Boden Butter in einem kleinen Topf zerlassen. Löffelbiskuits und Kekse in einen Gefrierbeutel geben, diesen fest verschließen. Löffelbiskuits und Kekse mit einer Teigrolle fein zerbröseln. Brösel gut durchmischen und in eine Rührschüssel geben. Butter hinzugeben und gut verrühren.

3. Die Bröselmasse in die Springform füllen und mit einem Löffel gleichmäßig als Boden andrücken. Form etwa 20 Minuten in den Kühlschrank stellen.

4. **Foto 1** Für die Puddingcreme Gelatine nach Packungsanleitung in kaltem Wasser einweichen. Aus Milch, Zucker und Pudding-Pulver (mit den hier angegebenen Mengen) nach Packungsanleitung einen Pudding zubereiten.

Foto 1

Foto 2

Foto 3

Foto 4

5. **Foto 2** Gelatine leicht ausdrücken und in den heißen Pudding einrühren, so lange rühren bis die Gelatine vollständig gelöst ist.

6. Pudding etwa 5 Minuten unter gelegentlichem Rühren abkühlen lassen, dann saure Sahne unterrühren. Die Puddingcreme auf dem Gebäckboden verstreichen, erkalten lassen und 1–2 Stunden in den Kühlschrank stellen.

7. Kirschen in einem Sieb gut abtropfen lassen, Saft dabei auffangen und 300 ml davon abmessen. Kirschen auf der Puddingcreme verteilen.

8. Für den Guss aus Tortengusspulver, abgemessenem Kirschsaft und Zucker nach Packungsanleitung einen Guss zubereiten.
Foto 3 Guss vorsichtig auf der Tortenoberfläche verteilen und fest werden lassen. Torte nochmals 1 Stunde in den Kühlschrank stellen.

9. Gehobelte Mandeln in einer Pfanne ohne Fett goldbraun rösten, erkalten lassen. Tortenring oder Springformrand lösen und entfernen.
Foto 4 Den Tortenrand mit Mandeln bestreuen.

Tipp: Der Bröselboden wird etwas knuspriger, wenn er gebacken wird. Dann die Form auf dem Rost auf mittlerer Einschubleiste in den vorgeheizten Backofen (Ober-/Unterhitze: etwa 180 °C/Heißluft: etwa 160 °C) schieben. Den Boden 5–7 Minuten backen.

Basisrezept

Rote-Grütze-Maulwurftorte

etwa 12 Stücke · Pro Stück: E: 7 g, F: 24 g, Kh: 37 g, kJ: 1668, kcal: 398, BE: 3,0

Zubereitungszeit: etwa 45 Minuten, ohne Abkühlzeit · *Backzeit:* etwa 30 Minuten

Für den Rührteig: 4 Eiweiß (Größe M) · 1 Prise Salz · 125 g weiche Butter oder Margarine · 125 g Zucker · 1 Pck. Dr. Oetker Vanillin-Zucker · 4 Eigelb (Größe M) · 150 g Weizenmehl (Type 405) · 2 gestr. TL Dr. Oetker Backin · 10 g Kakaopulver · 100 g gemahlene Haselnusskerne · 100 g Zartbitter-Raspelschokolade

Für die Füllung: 5 Blatt weiße Gelatine · 500 g Rote Grütze (aus dem Kühlregal) · 150 g Joghurt · 200 g Schlagsahne

1 Springform (Ø 26 cm) · weiche Butter oder Margarine zum Einfetten

1. Den Springformboden einfetten. Den Backofen vorheizen.

   Ober-/Unterhitze: etwa 180 °C
   Heißluft: etwa 160 °C

2. Eiweiß und Salz in eine Rührschüssel geben und mit Handrührgerät mit Rührbesen steif schlagen.

3. Butter oder Margarine mit Handrührgerät mit Rührbesen auf höchster Stufe geschmeidig rühren. Zucker und Vanillin-Zucker unterrühren. So lange rühren, bis eine gebundene Masse entstanden ist. Eigelb nach und nach unterrühren (jedes Eigelb etwa ½ Minute).

4. Mehl mit Backpulver und Kakao mischen, abwechselnd mit Haselnusskernen und Raspelschokolade in 2 Portionen unterrühren. **Foto 1** Eiweiß in 2 Portionen kurz unterrühren. Den Teig in der Springform verstreichen. Die Form auf dem Rost im unteren Drittel in den vorgeheizten Backofen schieben. Tortenboden **etwa 30 Minuten backen**.

5. Die Form auf einen Kuchenrost stellen. Den Kuchen nach 10 Minuten vorsichtig mit einem Messer aus der Springform lösen und etwa 2 Stunden auf einem mit Backpapier belegten Kuchenrost erkalten lassen.

6. Den Gebäckboden auf eine Tortenplatte legen. Auf dem Gebäckboden mit einem Messer rundherum einen 2 cm breiten Rand markieren. **Foto 2** Den Tortenboden mit einem Esslöffel etwa 1 cm tief bis zum markierten Rand aushöhlen. **Foto 3** Herausgenommene Stücke mit den Händen zerkrümeln.

7. Für die Füllung Gelatine nach Packungsanleitung einweichen. Ein Drittel der Roten Grütze auf den ausgehöhlten Tortenboden geben und glatt streichen. Restliche Rote Grütze und Joghurt in eine Schüssel geben und mit dem Schneebesen verrühren. Sahne steif schlagen.

8. Gelatine leicht ausdrücken, in einem kleinen Topf bei schwacher Hitze unter Rühren auflösen. 4 Esslöffel von der Roten-Grütze-Joghurt-Masse unter die Gelatine rühren, dann mit der restlichen Roten-Grütze-Joghurt-Masse verrühren.

9. Sahne und die Hälfte der Gebäckkrümel kurz mit den Rührbesen unterrühren. Die Masse kuppelförmig, von außen nach innen, auf den bestrichenen Tortenboden geben und glatt streichen.

10. **Foto 4** Restliche Krümel darauf verteilen und andrücken. Die Torte mindestens 2 Stunden in den Kühlschrank stellen.

Rezeptabwandlung vom Basisrezept: Für eine „klassische" **Maulwurftorte** mit Kirsch-Bananen-Füllung den Rührteig wie im Basisrezept beschrieben zubereiten, backen und aushöhlen. Für die Füllung Sauerkirschen aus einem Glas (Abtropfgewicht 350 g) abtropfen lassen. 2 kleine Bananen schälen, längs halbieren und mit 2 Esslöffeln Zitronensaft beträufeln. Die Bananenhälften auf den ausgehöhlten Tortenboden legen, die Kirschen dazwischen verteilen. 400 g Schlagsahne mit 2 Päckchen Dr. Oetker Sahnesteif, 25 g Zucker und 1 Päckchen Dr. Oetker Vanillin-Zucker steif schlagen. Die Sahne kuppelförmig auf das Obst geben und verstreichen. Die Tortenbodenkrümel daraufstreuen und leicht andrücken. Die Torte mindestens 1 Stunde in den Kühlschrank stellen.

Foto 1

Foto 2

Foto 3

Foto 4

Feine Schokoladentorte

etwa 12 Stücke · Pro Stück: E: 7 g, F: 25 g, Kh: 38 g, kJ: 1709, kcal: 408, BE: 3,0

Zubereitungszeit: etwa 40 Minuten, ohne Abkühlzeit · *Backzeit:* etwa 45 Minuten

Für den Rührteig: 150 g Edelbitter-Schokolade (etwa 60 % Kakaobestandteil) · 4 Eiweiß (Größe M) · 1 Prise Salz · 150 g weiche Butter oder Margarine · 125 g Zucker · 1 Pck. Dr. Oetker Vanillin-Zucker · 2 Eier (Größe M) · 4 Eigelb (Größe M) · 150 g Weizenmehl (Type 405) · 1 gestr. TL Dr. Oetker Backin · 15 g Kakaopulver

Zum Bestreichen: 6 EL rotes Johannisbeergelee

Für den Guss: 150 g Edelbitter-Schokolade (etwa 60 % Kakaobestandteil) · 1 TL Speiseöl, z. B. Sonnenblumenöl

1 Springform (Ø 26 cm) · Backpapier

1. Einen Bogen Backpapier auf den Boden der Springform legen und mit dem Springformrand straff einspannen. Den Backofen vorheizen.

   Ober-/Unterhitze: etwa 180 °C
   Heißluft: etwa 160 °C

2. Für den Rührteig Schokolade in Stücke brechen und im Wasserbad unter Rühren schmelzen lassen. Dafür die Schokoladenstücke in eine Edelstahlschüssel geben. Einen kleinen Topf etwa ein Drittel mit Wasser füllen. Die Schüssel in das Wasserbad setzen. Das Ganze bei schwacher Hitze erwärmen, bis die Schokolade geschmolzen ist.

3. Eiweiß und Salz in einer Rührschüssel mit Handrührgerät mit Rührbesen steif schlagen.

4. Butter oder Margarine in eine Rührschüssel geben und mit Handrührgerät mit Rührbesen auf höchster Stufe geschmeidig rühren. Zucker und Vanillin-Zucker unterrühren. So lange rühren, bis eine gebundene Masse entstanden ist. Schokolade dazugeben und unterrühren.

5. Eier und Eigelb nach und nach unterrühren (jedes Ei etwa ½ Minute). Mehl, Backpulver und Kakao mischen und in 2 Portionen unter die Schoko-Fett-Masse rühren.
   Foto 1 Eiweiß in 2 Portionen kurz unterrühren.

6. Den Teig in die Springform füllen und glatt streichen. Die Form auf dem Rost im unteren Drittel in den vorgeheizten Backofen schieben. Den Boden **etwa 45 Minuten backen**.

7. Die Form auf einen Kuchenrost stellen. Den Boden nach 10 Minuten mit einem Messer aus der Form lösen, auf einen mit Backpapier belegten Kuchenrost stürzen und mindestens 2 Stunden erkalten lassen.

8. **Foto 2** Das mitgebackene Backpapier abziehen.
   Foto 3 Den Tortenboden mit einem Sägemesser einmal waagerecht durchschneiden. Oberen Tortenboden mit einer Tortenscheibe abheben. Unteren Tortenboden auf eine Tortenplatte legen.

9. Zum Bestreichen das Johannisbeergelee durchrühren, die Hälfte auf dem unteren Boden verstreichen. Den oberen Tortenboden darauflegen und leicht andrücken. Tortenrand und Oberfläche mit dem restlichen Gelee bestreichen.

10. Für den Guss Schokolade in kleine Stücke brechen und mit dem Öl im Wasserbad unter Rühren schmelzen lassen. Dafür die Schokoladenstücke mit dem Öl in eine Edelstahlschüssel geben. Einen kleinen Topf etwa ein Drittel mit Wasser füllen. Die Schüssel in das Wasserbad setzen. Das Ganze bei schwacher Hitze erwärmen, bis die Schokolade geschmolzen ist.

11. **Foto 4** Den Guss von der Mitte aus auf die Torte geben und mit einem Teigschaber glatt streichen. Den Guss fest werden lassen.

Foto 1

Foto 2

Foto 3

Foto 4

Schnelle Kirschtorte nach Schwarzwälder Art

etwa 12 Stücke · Pro Stück: E: 8 g, F: 32 g, Kh: 41 g, kJ: 2044, kcal: 488, BE: 3,5

Zubereitungszeit: etwa 40 Minuten, ohne Abkühlzeit · *Backzeit:* etwa 45 Minuten

Für den Rührteig: 150 g Edelbitter-Schokolade (etwa 60 % Kakaobestandteil) · 4 Eiweiß (Größe M) · 1 Prise Salz · 150 g weiche Butter oder Margarine · 125 g Zucker · 1 Pck. Dr. Oetker Vanillin-Zucker · 2 Eier (Größe M) · 4 Eigelb (Größe M) · 150 g Weizenmehl (Type 405) · 1 gestr. TL Dr. Oetker Backin · 15 g Kakaopulver

Für die Füllung: 1 Glas Sauerkirschen (Abtropfgewicht 350 g) · 1 Pck. Tortenguss, klar · 1 EL Zucker · 400 g Schlagsahne · 2 Pck. Dr. Oetker Sahnesteif · 30 g Zucker · 1 Pck. Dr. Oetker Vanillin-Zucker

Zum Bestreuen: 50 g Edelbitter-Schokolade (etwa 60 % Kakaobestandteil)

1 Springform (Ø 26 cm) · Backpapier

1. **Foto 1** Einen Bogen Backpapier auf den Boden der Springform legen und mit dem Springformrand straff einspannen. Den Backofen vorheizen.

   Ober-/Unterhitze: etwa 180 °C
   Heißluft: etwa 160 °C

2. Für den Rührteig Schokolade in Stücke brechen und im Wasserbad unter Rühren schmelzen lassen. Dafür die Schokoladenstücke in eine Edelstahlschüssel geben. Einen kleinen Topf etwa ein Drittel mit Wasser füllen. Die Schüssel in das Wasserbad setzen. Das Ganze bei schwacher Hitze erwärmen, bis die Schokolade geschmolzen ist.

3. Eiweiß und Salz in einer Rührschüssel mit Handrührgerät mit Rührbesen steif schlagen.

4. Butter oder Margarine in eine Rührschüssel geben und mit Handrührgerät mit Rührbesen auf höchster Stufe geschmeidig rühren. Zucker und Vanillin-Zucker unterrühren. So lange rühren, bis eine gebundene Masse entstanden ist.
   Foto 2 Schokolade dazugeben und unterrühren.

5. Eier und Eigelb nach und nach unterrühren (jedes Ei etwa ½ Minute). Mehl, Backpulver und Kakao mischen, in 2 Portionen unter die Schoko-Fett-Masse rühren. Eiweiß in 2 Portionen kurz unterrühren.

6. Den Teig in die Springform füllen und glatt streichen. Die Form auf dem Rost im unteren Drittel in den vorgeheizten Backofen schieben. Den Boden **etwa 45 Minuten backen**.

7. Die Form auf einen Kuchenrost stellen. Den Boden nach 10 Minuten mit einem Messer aus der Form lösen, auf einen mit Backpapier belegten Kuchenrost stürzen, mindestens 2 Stunden erkalten lassen. Mitgebackenes Backpapier abziehen.

8. Für die Füllung Sauerkirschen auf einem Sieb abtropfen lassen, dabei den Saft auffangen und 250 ml (¼ l) für den Guss abmessen.

9. Den Springformrand säubern. Den Gebäckboden mit einem Sägemesser einmal waagerecht durchschneiden. Unteren Gebäckboden auf eine Tortenplatte legen, Springformrand darumstellen.

Foto 1

Foto 2

Foto 3

Foto 4

10. Tortenguss nach Packungsanleitung mit Zucker und Sauerkirschsaft zubereiten. Kirschen unterrühren und sofort auf dem Tortenboden verstreichen, 30 Minuten in den Kühlschrank stellen.

11. Sahne mit Sahnesteif, Zucker und Vanillin-Zucker steif schlagen. Zwei Drittel davon auf die Kirschen geben und glatt streichen. Den oberen Gebäckboden darauflegen und leicht andrücken. Die restliche Sahne darauf verstreichen.

12. Die Torte mindestens 2 Stunden in den Kühlschrank stellen.
Foto 3 Zum Bestreuen Schokolade mit einem Sparschäler raspeln.

13. **Foto 4** Den Springformrand mit einem kalt abgespülten Messer lösen und entfernen. Die Torte mit Schokoladenraspeln garnieren.

Tipp: 2 Esslöffel Kirschwasser in die Sahne geben.

Käse-Sahne-Torte

etwa 12 Stücke · Pro Stück: E: 13 g, F: 23 g, Kh: 39 g, kJ: 1767, kcal: 422, BE: 3,5

Zubereitungszeit: etwa 45 Minuten, ohne Abkühlzeit · *Backzeit:* 25–30 Minuten

Für den Rührteig: 150 g weiche Butter oder Margarine · 150 g Zucker · 1 Pck. Dr. Oetker Vanillin-Zucker · 1 Prise Salz · 3 Eier (Größe M) · 150 g Weizenmehl (Type 405) · 1 gestr. TL Dr. Oetker Backin

Für die Füllung: 8 Blatt weiße Gelatine · 750 g Magerquark · 150 g Zucker · 1 Pck. Dr. Oetker Vanillin-Zucker · 100 ml Zitronensaft · 1 Pck. Dr. Oetker Finesse Geriebene Zitronenschale · 400 g Schlagsahne

Zum Bestäuben: Puderzucker

1 Springform (Ø 26 cm) · weiche Butter oder Margarine zum Einfetten

1. Den Springformboden einfetten. Den Backofen vorheizen.

   Ober-/Unterhitze: etwa 180 °C
   Heißluft: etwa 160 °C

2. Butter oder Margarine in eine Rührschüssel geben und mit Handrührgerät mit Rührbesen auf höchster Stufe geschmeidig rühren. Nach und nach Zucker, Vanillin-Zucker und Salz unterrühren. So lange rühren, bis eine gebundene Masse entstanden ist.

3. Eier nach und nach unterrühren (jedes Ei etwa ½ Minute). Mehl mit Backpulver mischen und in 2 Portionen auf mittlerer Stufe unter die Eier-Fett-Masse rühren. Den Teig in die Springform füllen und glatt streichen.

4. Die Form auf dem Rost auf mittlerer Einschubleiste in den vorgeheizten Backofen schieben. Den Tortenboden **25–30 Minuten backen**.

5. Die Form auf einen Kuchenrost stellen. Den Tortenboden nach 10 Minuten mit einem Messer aus der Form lösen und auf einem mit Backpapier belegten Kuchenrost etwa 1 Stunde erkalten lassen. Den Springformrand säubern.

6. Den Tortenboden mit einem Sägemesser einmal waagerecht durchschneiden.

7. **Foto 1** Oberen Boden mit einer Tortenscheibe oder Tortenunterlage abheben. Unteren Tortenboden auf eine Tortenplatte legen. Springformrand darumstellen.

8. Für die Füllung Gelatine nach Packungsanleitung einweichen. Quark mit Zucker, Vanillin-Zucker, Zitronensaft und -schale zu einer geschmeidigen Masse verrühren. Sahne steif schlagen.
   Foto 2 Gelatine leicht ausdrücken und in einem kleinen Topf bei schwacher Hitze unter Rühren auflösen.

9. **Foto 3** Gelatine zunächst mit 4 Esslöffeln von der Quarkmasse verrühren, dann unter die restliche Quarkmasse rühren. Sahne kurz mit den Rührbesen unterrühren. Quark-Sahne-Creme auf dem unteren Tortenboden verstreichen.

10. Den oberen Boden mit einem Sägemesser in 12 Stücke schneiden.
    Foto 4 Die Stücke auf die Creme legen und leicht andrücken. Die Torte mindestens 3 Stunden in den Kühlschrank stellen.

11. Den Springformrand mit einem kalt abgespülten Messer vom Tortenrand lösen und entfernen. Die Torte vor dem Servieren mit Puderzucker bestäuben.

Foto 1

Foto 2

Foto 3

Foto 4

Orangen-Stracciatella-Torte

etwa 12 Stücke · Pro Stück: E: 4 g, F: 17 g, Kh: 49 g, kJ: 1540, kcal: 368, BE: 4,0

Zubereitungszeit: etwa 50 Minuten, ohne Abkühlzeit · *Backzeit:* 25–30 Minuten

Für den Biskuitteig: 3 Eier (Größe M) · 3 EL heißes Wasser · 150 g Zucker · 1 Pck. Dr. Oetker Vanillin-Zucker · 100 g Weizenmehl (Type 405) · 3 gestr. TL Dr. Oetker Backin · 100 g Speisestärke

Für die Füllung: 100 g Edelbitter-Schokolade (etwa 60 % Kakaobestandteil) · 400 g Schlagsahne · 2 Pck. Dr. Oetker Sahnesteif · 1 Pck. Dr. Oetker Vanillin-Zucker · 25 g Zucker · 1 Pck. Dr. Oetker Finesse Orangenschalen-Aroma

Zum Bestreichen: 4 EL Orangenmarmelade · 3 EL Orangensaft

Zum Tränken: 3 EL Orangensaft

Zum Garnieren: 1 EL Orangenmarmelade · 100 g gefüllte Orangentaler mit Schokolade

1 Springform (Ø 26 cm) · Backpapier

1. Einen Bogen Backpapier auf den Boden der Springform legen und mit dem Springformrand straff einspannen. Den Backofen vorheizen.

   Ober-/Unterhitze: etwa 180 °C
   Heißluft: etwa 160 °C

2. **Foto 1** Eier mit Wasser mit Handrührgerät mit Rührbesen auf höchster Stufe in 1 Minute schaumig schlagen.
   Foto 2 Zucker und Vanillin-Zucker mischen und unter Rühren in die Eiermasse streuen. Weitere 2 Minuten auf höchster Stufe schlagen.

3. Mehl mit Backpulver und Speisestärke mischen, in 2 Portionen auf die Eiermasse geben und kurz auf niedrigster Stufe unterrühren. Den Teig in die Form füllen und glatt streichen. Die Form auf dem Rost im unteren Drittel in den vorgeheizten Backofen schieben. Den Tortenboden **25–30 Minuten backen**.

4. Die Form auf einen Kuchenrost stellen. Den Tortenboden nach 10 Minuten mit einem Messer aus der Form lösen, auf einen mit Backpapier belegten Kuchenrost stürzen und etwa 3 Stunden erkalten lassen. Den Springformrand säubern.

5. Für die Füllung Schokolade in kleine Stücke hacken, 1 gehäuften Esslöffel zum Garnieren beiseitelegen.

6. **Foto 3** Das mitgebackene Backpapier abziehen.
   Foto 4 Den Biskuit einmal waagerecht durchschneiden. Oberen Tortenboden mit einer Tortenscheibe abheben. Unteren Tortenboden auf eine Tortenplatte legen.

7. Orangenmarmelade mit Orangensaft verrühren und auf den unteren Boden streichen. Den Springformrand darumstellen.

8. Sahne mit Sahnesteif, Vanillin-Zucker und Zucker steif schlagen. Orangenschalen-Aroma und gehackte Schokolade kurz unter die Sahne rühren. Zwei Drittel der Stracciatella-Sahne auf die Orangenmarmelade geben und glatt streichen.

9. Den oberen Boden darauflegen und etwas andrücken. Den oberen Tortenboden mit dem Orangensaft beträufeln und mit der restlichen Stracciatella-Sahne bestreichen. Mit einem Teelöffel ein Muster in die Sahne streichen.

10. Die Torte mit Orangenmarmelade und Orangentalern garnieren. Die Torte mindestens 2 Stunden in den Kühlschrank stellen.

11. Den Springformrand mit einem kalt abgespülten Messer von der Creme lösen und entfernen. Die Torte mit der restlichen Schokolade bestreuen.

Foto 1

Foto 2

Foto 3

Foto 4

Kleine Backwaren für jede Gelegenheit

Kleingebäck

Kleingebäck oder Teilchen schmecken immer. Ob für den kleinen Hunger zwischendurch oder als Bestandteil einer gemütlichen Kaffeetafel – die kleinen Stücke begeistern Groß und Klein.

Ob in Form von Muffins oder Waffeln als Schnecken oder Brezeln, die Variationen sind unzählig. Je nach Region nennt man sie anders und kennt eigene Spezialitäten.

Ratgeber

Kleingebäck

Das Praktische an Kleingebäck: Es ist schon portioniert und lässt sich in die Hand nehmen. Deshalb sind Waffeln & Co. die Highlights auf jedem Kindergeburtstag.

Weltweit beliebt – Muffins
Längst haben die Miniküchlein Amerika hinter sich gelassen und unsere Backöfen erobert. Muffins schmecken zu jeder Tages- und Jahreszeit. Heute werden Muffins oft aus einem All-in-Teig zubereitet. Dazu kommen alle Zutaten zusammen in die Rührschüssel und werden kurz vermischt. Sie können einige Teige auch ohne Handrührgerät zubereiten. Rühren Sie den Teig einfach und schnell mit einem Schneebesen oder Rührlöffel zusammen.

Muffins backen
Muffins schmecken frisch am besten. Die kleine Form eines Kuchens erhält der Teig durch die Vertiefungen der speziellen Muffinform. Muffinbleche gibt es in unterschiedlichen Größen und Materialien. Üblich in Deutschland sind Bleche mit 6 oder 12 Vertiefungen. Anstatt die Vertiefungen einzufetten **(Foto 1)**, können Sie auch Papierbackförmchen einsetzen **(Foto 2)** und dann den Teig einfüllen. So lassen sich die Muffins ganz leicht aus der Form lösen und das Muffinblech ist kaum verschmutzt. Die Küchlein lassen sich leichter aus dem gefetteten Muffinblech lösen, wenn Sie die Muffins etwa 5–10 Minuten nach dem Backen in der Form abkühlen lassen. Einfache Muffins lassen sich leicht mit Guss überziehen. Zusätzlich können Sie die Muffins mit Liebesperlen, Silberperlen oder kleinen Kerzen verzieren.

Foto 1

Foto 2

Muffins aufbewahren
Werden nicht alle Muffins aufgegessen, können Sie diese für etwa 2 Monate einfrieren und bei Bedarf kurz aufbacken, wenn sie nicht mit einer Glasur überzogen sind. So schmecken sie wie frisch gebacken.

Heiß begehrt – Waffeln
Nicht nur Kinder sind Waffel-Fans. Der Genuss einer frischen, noch warmen Waffel ist einfach das Schönste.
Die Anschaffung eines Waffeleisen lohnt sich. Denn Waffelbacken macht draußen und drinnen Spaß. Und da sich Waffelteig so vielfältig variieren lässt, schmecken Waffeln nicht nur zur Kaffeezeit, sondern bereits zum Frühstück oder Brunch.

Dick und dünn – Waffelteig
Waffelteig muss sich im Waffeleisen gut verteilen. Daher muss er weicher sein als Kuchenteig. Das gelingt sicher, wenn Sie weiche Butter oder Margarine verwenden. Der Teig lässt sich z.B. mit saurer Sahne, Crème fraîche, Aroma oder Zitronenschale verfeinern. Für die flachen, gerollten oder zu Eistüten geformten Waffelspezialitäten benötigen Sie ein spezielles Waffeleisen. Darauf wird der weiche Teig hauchdünn gebacken, evtl. sofort gerollt und ist nach dem Auskühlen wunderbar knusprig.

Waffeleisen
Waffeleisen sind in vielen Ausführungen erhältlich. Ob Sie lieber Ihre Waffeln in Herzform oder die rechteckige „Brüsseler Waffel" bevorzugen – für jeden Geschmack findet sich das richtige Gerät.

Die Waffeleisen sind heutzutage antihaftbeschichtet. So lassen sich die fertig gebackenen Waffeln leicht aus dem Waffeleisen herausheben. Damit die Antihaftbeschichtung erhalten bleibt, sollten Sie Pfannenwender aus Holz oder hitzebeständigem Kunststoff verwenden.
Da die Größe der Backfläche von einem Gerät zum anderen unterschiedlich ist, können die angegebenen Teigmengen in den Rezepten mehr oder weniger Waffeln ergeben. Wenn Sie erst eine Probewaffel backen, können Sie Teigmenge danach ausrichten.

Backtemperatur
Waffeln sollten weder schlabberig noch zu fest sein. Daher ist die richtig eingestellte Backtemperatur Ihres Waffeleisens entscheidend. Es ist deshalb erforderlich, die Anleitungen der Hersteller, die dem Waffeleisen beiliegen, genau zu beachten.

Am einfachsten finden Sie die richtige Temperatur heraus, wenn Sie die ersten Waffeln gegen Ende der Backzeit genau beobachten. Korrigieren Sie die Backzeit so lange, bis eine Waffel dem von Ihnen gewünschten Bräunungsgrad entspricht. Alle weiteren Waffeln backen Sie dann mit dieser Einstellung.
Die Waffeln sind gar, wenn diese nach dem Backen von beiden Seiten goldbraun sind. Sie sollten dann nebeneinander auf einem Kuchenrost auskühlen.

Aufbewahrung
Ungefüllte Waffeln lassen sich gut auf Vorrat zubereiten und einige Tage in einer gut schließenden Dose aufbewahren. Bei Bedarf können Sie die Waffeln im Toaster wieder aufbacken. Waffeln können Sie aber auch einfrieren. Die gefrorenen Waffeln lassen sich in leicht angetauten Zustand kurz im Toaster oder im heißen Backofen wieder erwärmen.

Muffins mit Schoko-Bits

12 Stück · Pro Stück: E: 4 g, F: 23 g, Kh: 25 g, kJ: 1351, kcal: 323 , BE: 2,0

Zubereitungszeit: etwa 25 Minuten, ohne Abkühlzeit · *Backzeit:* etwa 25 Minuten

Für den All-in-Teig: 250 g Butter oder Margarine · 100 g Edelbitter-Schokolade (etwa 60 % Kakaobestandteil) · 220 g Weizenmehl (Type 405) · 2 gestr. TL Dr. Oetker Backin · 100 g Zucker · 1 Pck. Dr. Oetker Vanillin-Zucker · 3 Eier (Größe M)

1 Muffinform (für 12 Muffins) · 12 Papierbackförmchen

1. Foto 1 Für den All-in-Teig Butter oder Margarine in einem kleinen Topf zerlassen, dann etwas abkühlen lassen.
   Foto 2 Schokolade grob hacken und ein Drittel zum Bestreuen beiseitelegen.

2. Papierbackförmchen in der Muffinform verteilen. Den Backofen vorheizen.

   Ober-/Unterhitze: etwa 180 °C
   Heißluft: etwa 160 °C

3. Foto 3 Mehl, Backpulver, Zucker, Vanillin-Zucker und Schokolade in eine Rührschüssel geben, mit einem Schneebesen verrühren.
   Foto 4 Eier zum geschmolzenen Fett geben und mit dem Schneebesen verrühren.

4. Foto 5 Eier-Fett-Mischung in die Rührschüssel geben. Alles mit dem Schneebesen verrühren, bis ein glatter Teig entstanden ist.

5. Foto 6 Den Teig in den Förmchen verteilen. Die beiseite gestellten Schokoladestücke auf den Teig streuen. Die Muffinform auf dem Rost auf mittlerer Einschubleiste in den vorgeheizten Backofen schieben. Die Muffins **etwa 25 Minuten backen**.

6. Die Form auf einen Kuchenrost stellen und die Muffins etwa 5 Minuten abkühlen lassen. Muffins mit den Förmchen aus der Muffinform nehmen und auf dem Kuchenrost erkalten lassen.

Tipp: Für Bunte Muffins können Sie statt der Edelbitter-Schokolade auch 100 g bunte Schokolinsen grob hacken und wie im Rezept beschrieben verwenden.

Foto 1

Foto 2

Foto 3

Foto 4

Foto 5

Foto 6

Basisrezept

Mandarinen-Krokant-Muffins

12 Stück · Pro Stück: E: 4 g, F: 9 g, Kh: 42 g, kJ: 1104, kcal: 264, BE: 3,5

Zubereitungszeit: etwa 35 Minuten, ohne Abkühlzeit · *Backzeit:* etwa 30 Minuten

Zum Vorbereiten: 1 Dose Mandarinen (Abtropfgewicht 175 g)

Für den All-in-Teig: 300 g Weizenmehl (Type 405) · 2 gestr. TL Dr. Oetker Backin · 150 g Zucker · 1 Pck. Dr. Oetker Bourbon-Vanille-Zucker · 1 Prise Salz · 1 Ei (Größe M) · 175 ml Milch · 70 ml Speiseöl, z. B. Rapsöl · 100 g Haselnuss-Krokant

1 Muffinform (für 12 Muffins) · weiche Butter oder Margarine zum Einfetten · Mehl zum Bestäuben

1. **Foto 1** Die Muffinform einfetten. **Foto 2** Muffinform mit Mehl bestäuben. Zum Vorbereiten die Mandarinen zum Abtropfen in ein Sieb geben. Den Backofen vorheizen.

   Ober-/Unterhitze: etwa 180 °C
   Heißluft: etwa 160 °

2. Mehl mit Backpulver in einer Rührschüssel mischen. Zucker, Vanille-Zucker, Salz, Ei, Milch und Öl hinzufügen. Die Zutaten mit Handrührgerät mit Rührbesen in etwa 1 Minute zu einem glatten Teig verarbeiten.

3. Jeweils die Hälfte Mandarinen und Krokant vorsichtig mit einem Teigschaber unterrühren.

4. Den Teig in die Muffinform füllen. Restlichen Krokant und Mandarinen auf dem Teig verteilen. Die Form auf dem Rost auf mittlerer Einschubleiste in den vorgeheizten Backofen schieben. Die Muffins **etwa 30 Minuten backen**.

5. Die Form 5 Minuten auf einem Kuchenrost abkühlen lassen. Die Muffins aus der Form nehmen und auf einem mit Backpapier belegten Kuchenrost erkalten lassen.

   Tipp: 12 Papierbackförmchen in der Muffinform verteilen und die Muffins darin backen.

Abwandlung vom Basisrezept: Für **Apfel-Zimt-Muffins (Foto S. 83)** zum Marinieren Saft von einer Zitrone mit 1 gestrichenen Teelöffel gemahlenem Zimt und 20 g Zucker verrühren. 2 Äpfel schälen, vierteln, entkernen und in sehr kleine Würfel schneiden. Apfelwürfel mit der Zitronenmischung verrühren.
Den All-in-Teig wie im Basisrezept beschrieben zubereiten. Von den marinierten Apfelwürfeln 1–2 Esslöffel beiseitestellen. Die restlichen Apfelwürfel unter den Teig rühren. Den Teig in den Förmchen der vorbereiteten Muffinform verteilen. Die beiseite gestellten Apfelwürfel auf dem Teig verteilen. Die Muffins wie beschrieben im vorgeheizten Backofen backen und erkalten lassen.

Foto 1

Foto 2

Basisrezept

Waffeln

8 Stück · Pro Stück: E: 6 g, F: 22 g, Kh: 40 g, kJ: 1733, kcal: 414, BE: 4,0

Zubereitungszeit: etwa 50 Minuten

Für den Rührteig: 175 g weiche Butter oder Margarine · 175 g Zucker · 1 Prise Salz · 4 Eier (Größe M) · 200 g Weizenmehl (Type 405) · 1 Pck. Dr. Oetker Pudding-Pulver Vanille-Geschmack · 1 gestr. TL Dr. Oetker Backin

Zum Bestäuben: Puderzucker

1 Waffeleisen · weiche Butter oder Margarine zum Einfetten

1. Für den Teig Butter oder Margarine mit Handrührgerät mit Rührbesen auf höchster Stufe geschmeidig rühren. Nach und nach Zucker und Salz unterrühren. So lange rühren, bis eine gebundene Masse entstanden ist. Eier nach und nach unterrühren (jedes Ei etwa ½ Minute).

2. Mehl, Pudding-Pulver und Backpulver mischen und in 2 Portionen auf mittlerer Stufe unterrühren. Das Waffeleisen vorheizen. (Dabei die Gebrauchsanleitung des Herstellers beachten.)

3. **Foto 1** Das Waffeleisen mithilfe eines Backpinsels einfetten.

4. **Foto 2** Für jede Waffel etwa 2 Esslöffel Teig in das Waffeleisen geben, mit dem Esslöffel verstreichen und die Waffeln goldbraun backen. Waffeleisen nach jedem Backvorgang wieder einfetten.

5. **Foto 3** Fertige Waffeln mit einem Pfannenwender herausheben.

6. **Foto 4** Waffeln nebeneinander auf einen Kuchenrost legen. Waffeln möglichst nicht stapeln, damit sie knusprig bleiben.

7. Waffeln mit Puderzucker bestäuben und lauwarm servieren.

Tipp: Erkaltete Waffeln im Toaster aufbacken.

Abwandlung vom Basisrezept: Für **Mandelwaffeln (großes Foto)** 100 g gehobelte Mandeln in einer Pfanne ohne Fett bei schwacher Hitze leicht rösten, auf einen Teller geben und erkalten lassen. Den Rührteig wie im Basisrezept beschrieben zubereiten, zuletzt drei Viertel der Mandeln kurz unterrühren. Waffeln dann wie beschrieben backen und nebeneinander auf einen Kuchenrost legen. Waffeln mit Roter Grütze, Vanilleeis und restlichen Mandeln servieren.

Foto 1

Foto 2

Foto 3

Foto 4

Basisrezept

Nussecken

etwa 30 Stück · Pro Stück: E: 3 g, F: 15 g, Kh: 19 g, kJ: 921, kcal: 220, BE: 1,5

Zubereitungszeit: etwa 60 Minuten, ohne Abkühlzeit · *Backzeit:* etwa 25 Minuten

Für den Knetteig: 225 g Weizenmehl (Type 405) · 1 gestr. TL Dr. Oetker Backin · 100 g Zucker · 1 Pck. Dr. Oetker Vanillin-Zucker · 1 Ei (Größe M) · 1 EL kaltes Wasser · 100 g weiche Butter oder Margarine

Für den Belag: 150 g Butter · 150 g Zucker · 2 Pck. Dr. Oetker Vanillin-Zucker · 3 EL Wasser · 100 g gemahlene Haselnusskerne · 200 g gehobelte Haselnusskerne · 3 EL Aprikosenkonfitüre

Für den Guss: 100 g Edelbitter-Schokolade (etwa 60 % Kakaobestandteil) · 1 TL Speiseöl, z. B. Sonnenblumenöl

1 Backblech (etwa 30 x 40 cm) · weiche Butter oder Margarine zum Einfetten · Backpapier

1. Mehl mit Backpulver in einer Rührschüssel mischen. Restliche Teigzutaten hinzufügen und mit Handrührgerät mit Knethaken zunächst auf niedrigster, dann auf höchster Stufe gut durcharbeiten.

2. Anschließend auf der leicht bemehlten Arbeitsfläche mit den Händen zu einem glatten Teig verkneten und zu einer Rolle formen. Den Teig in Frischhaltefolie gewickelt 1 Stunde in den Kühlschrank stellen.

3. Für den Belag Butter, Zucker, Vanillin-Zucker und Wasser in einem kleinen Topf bei schwacher Hitze erwärmen, bis die Butter geschmolzen ist. Gemahlene und gehobelte Haselnusskerne unterrühren. Den Topf von der Kochstelle nehmen und den Belag etwa 10 Minuten abkühlen lassen.

4. Foto 1 Das Backblech in den Ecken und in der Mitte einfetten, mit Backpapier belegen. Den Backofen vorheizen.

   Ober-/Unterhitze: etwa 180 °C
   Heißluft: etwa 160 °C

5. Foto 2 Den Teig auf das Backblech legen, mit etwas Mehl bestäuben und ausrollen.
   Foto 3 Konfitüre auf den Teig streichen.
   Foto 4 Nussmasse mit einer Teigkarte auf die Aprikosenkonfitüre geben und verstreichen. Backblech in den vorgeheizten Backofen schieben. Die Gebäckplatte **etwa 25 Minuten backen**.

6. Das Backblech auf einen Kuchenrost stellen. Gebäck etwa 20 Minuten abkühlen lassen. Das Gebäck in Quadrate (8 x 8 cm) schneiden.
   Foto 5 Die Quadrate diagonal so halbieren, dass Dreiecke entstehen.

7. Für den Guss Schokolade in Stücke brechen und mit dem Öl in eine Edelstahlschüssel geben. Einen kleinen Topf etwa ein Drittel mit Wasser füllen, die Schüssel in das Wasserbad setzen. Das Ganze bei schwacher Hitze unter Rühren erwärmen, bis die Schokolade geschmolzen ist.

8. Foto 6 Gebäckspitzen in den Guss tauchen, abtropfen lassen, auf einen mit Backpapier belegten Kuchenrost legen. Guss fest werden lassen.

Foto 1

Foto 2

Foto 3

Foto 4

Foto 5

Foto 6

Abwandlung vom Basisrezept

Kokosstreifen (großes Foto)

etwa 60 Stück · Pro Stück: E: 1 g, F: 6 g, Kh: 8 g, kJ: 366, kcal: 87, BE: 0,5

Zubereitungszeit: etwa 60 Minuten, ohne Abkühlzeit · *Backzeit:* etwa 25 Minuten

Zutaten: für 1 Basisrezept Knetteig (Nussecken)

Für den Belag: 1 Bio-Limette (unbehandelt, ungewachst) · 150 g Butter · 150 g Zucker · 1 Pck. Dr. Oetker Vanillin-Zucker · 3 EL Wasser · 200 g Kokosraspel · 3 EL Wildpreiselbeeren (aus dem Glas)

1 Backblech (etwa 30 x 40 cm) · weiche Butter oder Margarine zum Einfetten · Backpapier

1. Den Knetteig wie beschrieben zubereiten und in den Kühlschrank stellen.

2. Für den Belag Limette heiß abspülen und abtrocknen. Limettenschale fein abreiben. Butter, Zucker, Vanillin-Zucker und Wasser in einem kleinen Topf bei schwacher Hitze erwärmen, bis die Butter geschmolzen ist. Limettenschale und Kokosraspel unterrühren. Topf von der Kochstelle nehmen. Belag etwa 10 Minuten abkühlen lassen.

3. Den Teig wie beschrieben auf dem vorbereiteten Backblech ausrollen. Preiselbeeren auf den Teig streichen. Kokosmasse mit einer Teigkarte auf den Preiselbeeren verteilen und verstreichen. Die Gebäckplatte wie beschrieben im vorgeheizten Backofen **etwa 25 Minuten backen** und anschließend erkalten lassen.

4. Das Gebäck mit einem Messer in Streifen (etwa 3 x 6 cm) schneiden.

Abwandlung vom Basisrezept

Zimtbrezeln

12 Stück · Pro Stück: E: 4 g, F: 6 g, Kh: 37 g, kJ: 937, kcal: 224, BE: 3,0

Zubereitungszeit: etwa 60 Minuten, ohne Teiggeh- und Abkühlzeit · *Backzeit:* etwa 15 Minuten je Backblech

Für den Hefeteig: 200 ml Milch · 75 g Butter oder Margarine · 375 g Weizenmehl (Type 405) · 2 TL gemahlener Zimt · 1 Pck. Dr. Oetker Trockenbackhefe · 50 g Zucker · ½ Pck. Dr. Oetker Finesse Geriebene Zitronenschale

Zum Bestreichen: 2 EL Milch

Für den Guss: 100 g Puderzucker · 1–2 EL Zitronensaft

2 Backbleche (je etwa 30 x 40 cm) · weiche Butter oder Margarine zum Einfetten · Backpapier

1. Milch in einem Topf bei schwacher Hitze erwärmen. Butter oder Margarine darin zerlassen.

2. Mehl mit Zimt und Hefe in einer Rührschüssel gut vermischen. Zucker, Zitronenschale und Milch-Butter-Mischung hinzufügen. Die Zutaten mit Handrührgerät mit Knethaken erst auf niedrigster, dann auf höchster Stufe in etwa 5 Minuten zu einem glatten Teig verarbeiten. Den Teig zugedeckt so lange an einem warmen Ort gehen lassen, bis er sich sichtbar vergrößert hat (etwa 20 Minuten).

3. Die Backbleche in den Ecken und in der Mitte einfetten, mit Backpapier belegen.

4. Teig und Arbeitsfläche leicht mit Mehl bestäuben. Den Teig aus der Schüssel nehmen und auf der Arbeitsfläche nochmals kurz durchkneten. Den Teig zu einer Rolle formen und in gleich große 12 Scheiben schneiden.

5. Aus jeder Scheibe einen etwa 45 cm langen Strang rollen, der in der Mitte etwas dicker ist als an den Enden. Die Stränge zu Brezeln schlingen und auf die Backbleche legen.

6. Die Brezeln zugedeckt so lange an einem warmen Ort gehen lassen, bis sie sich sichtbar vergrößert haben (etwa 15 Minuten). Den Backofen vorheizen.

   Ober-/Unterhitze: etwa 180 °C
   Heißluft: etwa 160 °C

7. Brezeln mit Milch bestreichen. Die Backbleche auf mittlerer Einschubleiste nacheinander in den vorgeheizten Backofen schieben. Die Brezeln etwa **15 Minuten je Backblech backen**.

8. Die Brezeln mit dem Backpapier auf Kuchenroste ziehen und 5 Minuten abkühlen lassen. Puderzucker und Zitronensaft mit einem Löffel zu einem Guss verrühren. Den Guss auf die warmen Brezeln streichen. Den Guss trocknen lassen.

Tipp: Bei Heißluft können beide Backbleche zusammen in den Backofen geschoben werden.

Abwandlung vom Basisrezept

Rosinenschnecken mit Marzipan

etwa 10 Stück · Pro Stück: E: 8 g, F: 19 g, Kh: 56 g, kJ: 1789, kcal: 428, BE: 4,5

Zubereitungszeit: etwa 60 Minuten, ohne Abkühlzeit · *Backzeit:* 20–25 Minuten

Zutaten: für 1 Basisrezept Hefeteig (Zimtbrezeln) und den Guss

Für die Füllung: 100 g Marzipan-Rohmasse · 50 g weiche Butter · 1 Ei (Größe M) · 1 Pck. Dr. Oetker Finesse Geriebene Zitronenschale · 100 g Rosinen · 50 g gehackte Haselnusskerne

1 Backblech (etwa 30 x 40 cm) · weiche Butter oder Margarine zum Einfetten · Backpapier

1. Den Hefeteig wie im Basisrezept beschrieben zubereiten und gehen lassen.

2. Für die Füllung Marzipan-Rohmasse in Stücke schneiden.
   Foto 1 Zusammen mit Butter, Ei und Zitronenschale in einen Rührbecher geben, mit dem Pürierstab pürieren.

3. Den Teig zu einem Rechteck (etwa 32 x 40 cm) ausrollen. Die Marzipanmasse auf dem Teig verteilen und verstreichen, dabei rundherum einen 1 cm breiten Rand lassen. Rosinen und Nüsse auf der bestrichenen Fläche verteilen.

4. Foto 2 Den Teig von der kurzen Seite her aufrollen.

5. Foto 3 Die Teigrolle mit einem Sägemesser in 10 Scheiben schneiden. Die Scheiben auf das vorbereitete Backblech legen. Die Rosinenschnecken im vorgeheizten Backofen **20–25 Minuten backen**.

6. Den Guss wie beschrieben zubereiten. Das Backblech auf einen Kuchenrost stellen.
   Foto 4 Den Guss auf das heiße Gebäck streichen und trocknen lassen. Schnecken erkalten lassen.

Foto 1

Foto 2

Foto 3

Foto 4

Schöne, bunte Plätzchen- und Kekswelt

Plätzchen und Kekse

Nicht nur Weihnachtszeit ist Plätzchen- und Kekszeit. Die kleinen Knusperhappen schmecken jeden Tag. Plätzchen und Kekse versüßen den Genuss von Kakao oder Tee und passen besonders gut zu den leckeren Kaffee-Spezialitäten.

Dabei überlassen wir es Ihnen, ob Sie sich für Ausstechplätzchen, Rollen- und Löffelkekse oder Spritzgebäck entscheiden.

Ratgeber

Knusprige Vielfalt – Plätzchen- und Kekssorten

Es gibt so viele Plätzchensorten, dass Sie sich nur schwer entscheiden können, welche Sie backen. Am besten gleich mehrere Sorten. Wir haben Ihnen köstliche Rezepte zusammengestellt, die auch noch leicht gelingen.

Ausstechplätzchen (Foto 1): Dazu wird portionsweise Knetteig auf einer leicht bemehlten Arbeitsfläche ausgerollt. Um eine gleichmäßige Dicke des Teiges zu erzielen, die Teigrolle leicht bemehlen, damit der Teig nicht haftet.
Die Ausstechform wird aufgedrückt und schon kann der geformte Teig auf das Backblech gelegt werden. Ausstecher erhalten Sie in den unterschiedlichsten Formen. Ganz klassisch, aber beliebt sind z. B. Herz, Stern, Tannenbaum, Engel und Halbmond. Außerdem gibt es auch viele modische oder anlassbezogene Formen, wie Tierfiguren, Blumen und Blüten, Füße, Taschen oder Sektkelche. Achten Sie beim Ausstechen darauf, den Platz gut auszunutzen, sodass möglichst wenig Teig zurückbleibt. Denn durch das erneute Zusammenkneten, Bemehlen und Ausrollen wird der verbleibende Knetteig immer trockener und brüchiger. Damit der Teig nicht innen an der Ausstechform kleben bleibt, die Ausstechform gelegentlich in Mehl tauchen.

Rollenkekse: Dafür bereiten Sie den Knetteig vor, formen ihn zu einer Rolle und legen diese mit Frischhaltefolie zudeckt so lange in den Kühlschrank, bis sie gut durchgekühlt ist. Dann schneiden Sie die Rolle mit einem Messer in Scheiben (Foto 2) und legen die runden Plätzchen auf ein Backblech. Aus den Rollen können Sie auch quadratische, rechteckige oder dreieckige Teigstangen formen und Scheiben davon abschneiden.

Löffelkekse: Lassen sich ganz einfach zuzubereiten. Sie bereiten einen mittelfesten Teig zu und setzen mit einem oder zwei Löffeln Häufchen oder Kleckse auf das vorbereitete Backblech.

Spritzgebäck: Für die Herstellung benötigen Sie je nach Teigkonsistenz einen Spritzbeutel oder eine Gebäckpresse oder einen Fleischwolf mit einem speziellen Plätzchenvorsatz. Füllen Sie den geschmeidigen Teig hinein. Durch das Drücken bzw. Drehen wird der Teig durch die Öffnung „gespritzt“ und erhält so seine typische geriffelte Form. Mit der Gepäckpresse oder dem Spritzbeutel lassen sich die Plätzchen direkt auf das Backblech setzen. Beim Fleischwolf trennen Sie den Teig in der gewünschten Länge ab und legen die Plätzchen dann auf das Blech.

Handgeformte Kekse: Per Hand lässt sich Knetteig in viele Formen bringen. Der Teig sollte dafür nicht zu klebrig sein. Formen Sie mit bemehlten Händen aus kleinen Teigstücken erst eine Kugel. Dann können Sie daraus Vanillekipferl (Foto 3) oder andere Kekse formen.

Spezialitäten: Plätzchen wie Springerle oder Spekulatius werden ausgemodelt. Dazu benötigen Sie eine Form (Model) aus Holz, die den Knetteig mit einem Motiv versieht. Besonders in der Weihnachtsbäckerei spielen Gewürze eine große Rolle, die z. B. Lebkuchen, Anisplätzchen oder Zimtsternen ihren typischen Geschmack verleihen.

Plätzchen und Kekse backen

Wenn Sie erst einmal am Formen, Ausrollen und Ausstechen sind, werden Sie feststellen, wie schnell sich eine größere Anzahl Plätzchen zubereiten lässt. Viele Plätzchen oder mehrere Sorten müssen natürlich in mehreren Partien gebacken werden. So gelingt Ihnen das sogar mit nur einem Backblech: Schneiden Sie mehrere Backpapierstücke in der Größe des Backblechs zu. Belegen Sie die Bögen mit

Foto 1

Foto 2

Foto 3

Foto 4

den ausgestochenen oder geformten Teigplätzchen. So lassen sich die einzelnen Partien für das Backblech ideal vorbereitet und nacheinander backen. Ziehen Sie einfach den Bogen mit den Teigplätzchen an der flachen Seite auf das Backblech **(Foto 4)**.

Einschubhöhe: In der Mitte des Backofens sind Ihre Plätzchen am besten aufgehoben. Ausnahmen sind aber möglich. Daher sollten Sie die Herstelleranweisungen für Ihren Backofen beachten.

Garprobe: Beobachten Sie die Plätzchen und Kekse besonders gegen Ende der Backzeit genau. Wenn die Oberfläche gelblich bis leicht braun ist, sind die Plätzchen und Kekse gar. Prüfen Sie auch die Unterseite der Plätzchen und Kekse. Sie sollte abgebacken sein und die Plätzchen und Kekse sollen sich leicht vom Papier lösen.

Plätzchen und Kekse verzieren – setzen Sie I-Tüpfelchen

Das Verzieren der Plätzchen macht noch mal so viel Spaß wie das Backen. Lassen Sie Ihrer Fantasie einfach freien Lauf. Mit einem Puderzucker- oder Schokoladenguss sehen Ihre Kekse nicht nur toll aus, sondern schmecken sogar noch besser. Plätzchen können Sie sogar füllen.

Zuckerguss: Rühren Sie gesiebten Puderzucker nach und nach mit so viel Flüssigkeit glatt, bis ein dickflüssiger Guss entsteht. Den Puderzucker können Sie neben Wasser auch mit Tee, Likör, Wein oder Saft anrühren. Farbige Flüssigkeiten wie Rotwein geben dem Zuckerguss nicht nur Aroma, sondern färben ihn in einem zarten Pastell-Ton. Für kräftigere Farben den Zuckerguss nach Belieben portionsweise mit Speisefarbe einfärben. Bestreichen Sie die Plätzchen mit dem Zuckerguss und verzieren Sie sie mit Schokoladenplättchen, Schokotröpfchen, Mokkabohnen, Zuckerblümchen, Schokoladenstreuseln, Liebesperlen, Schokolinsen oder Baisersternen. Kontraste von hellem Guss auf dunklem Gebäck oder umgekehrt wirken optisch auch sehr schön. Wenn der Zuckerguss getrocknet ist, können die Plätzchen in gut schließenden Dosen gelagert werden.
Mit Dekoren aus zweifarbigem Zuckerguss lassen sich besonders schöne Effekte erzielen. Rühren Sie dazu zusätzlich zum dickflüssigen Puderzuckerguss etwas Konfitüre oder Gelee glatt. Füllen Sie das Gelee in einen Gefrierbeutel und schneiden Sie eine kleine Ecke ab.
Bestreichen Sie nacheinander die Kekse mit dem weißen Guss. Sofort im Anschluss spritzen Sie zwei längliche Streifen Konfitüre-Guss in die Mitte der Kekse und ziehen Sie sie mit einem Holzstäbchen auseinander.

Schokoladenguss: Schmelzen Sie helle und dunkle Schokolade getrennt im Wasserbad bei schwacher Hitze. Bestreichen Sie die Kekse mit der weißen Schokolade. Die dunkle Schokolade füllen Sie in einen Gefrierbeutel, von dem Sie eine kleine Ecke abschneiden. So können Sie die Plätzchen mit fantasievollen Mustern verzieren.

Plätzchen und Kekse aufbewahren – ab in die Dose

Nehmen Sie alle Plätzchen und Kekse vom Backblech und lassen Sie diese auf dem Kuchenrost gut auskühlen. Erst wenn sie völlig erkaltet sind, können sie zur Aufbewahrung verpackt werden. Um ein Zusammenkleben zu vermeiden, können Sie zwischen die einzelnen Plätzchen- bzw. Kekslagen Alufolie oder Backpapier legen. Wenn Sie nicht möchten, dass sich die Aromen der Plätzchensorten vermischen, sollten Sie Ihre Plätzchen sortenweise verpacken. Alle Plätzchen müssen kühl und trocken aufbewahrt werden.

Knusprige Plätzchen können Sie sofort in gut schließende Dosen, in der sie keine Luftfeuchtigkeit ziehen können, legen.

Weiche Plätzchen müssen nach dem Backen zunächst an der Luft stehen gelassen werden, bis sie die gewünschte Beschaffenheit haben. Erst dann sollten Sie die Plätzchen in verschließbare Dosen legen. Das Gebäck bleibt weich, wenn Sie eine Scheibe Brot mit in die Dose legen.

Eiweißgebäck bleibt außen knusprig, wenn Sie es in gut schließenden Dosen, in denen es keine Luftfeuchtigkeit ziehen kann, aufbewahren. Wichtig ist, dass das Eiweißgebäck nach dem Backen vollständig auf einem Kuchenrost erkalten kann. Eiweißgebäck ist nicht zum Einfrieren geeignet.

Makronengebäck: Makronen dürfen nicht zu stark ausgebacken werden. Wenn sie vom Backblech genommen werden, müssen sie sich von unten noch weich und feucht anfühlen. Während des Auskühlens auf dem Kuchenrost trocknen die Makronen ausreichend nach und behalten ihre äußere Knusprigkeit in gut schließenden Dosen.

Basisrezept

Schwarz-Weiß-Brocken (Löffelkekse)

etwa 50 Stück · Pro Stück: E: 0,4 g, F: 3 g, Kh: 5 g, kJ: 196, kcal: 47, BE: 0,5

Zubereitungszeit: etwa 40 Minuten, ohne Abkühlzeit · *Backzeit:* 10–15 Minuten je Backblech

Für den Rührteig: 150 g weiche Butter oder Margarine · 120 g Zucker · 1 Pck. Dr. Oetker Vanillin-Zucker · 1 Ei (Größe M) · 120 g Weizenmehl (Type 405) · 50 g Speisestärke · 1 gestr. TL Dr. Oetker Backin · 1 EL Kakaopulver · 1 EL Milch

2 Backbleche (je etwa 30 x 40 cm) · weiche Butter oder Margarine zum Einfetten · Backpapier

1. Butter oder Margarine in eine Rührschüssel geben und mit Handrührgerät mit Rührbesen auf höchster Stufe geschmeidig rühren. Nach und nach Zucker und Vanillin-Zucker unterrühren. So lange rühren, bis eine gebundene Masse entstanden ist. Ei unterrühren (etwa ½ Minute).
2. Mehl mit Stärke und Backpulver mischen und in 2 Portionen auf mittlerer Stufe unterrühren.
   Foto 1 Den Teig mit einem Teigschaber in der Rührschüssel in zwei Hälften teilen.
3. Foto 2 Eine Teighälfte in einem tiefen Teller verstreichen. Kakao und Milch unter den übrigen Teig rühren.
   Foto 3 Dunklen Teig auf die Teighälfte in den Teller geben und glatt streichen.
4. Backbleche in den Ecken und in der Mitte einfetten, mit Backpapier belegen. Backofen vorheizen.

   Ober-/Unterhitze: etwa 180 °C
   Heißluft: etwa 160 °C
5. Foto 4 Von dem geschichteten Teig mit zwei Löffeln, z. B. langstieligen Kaffeelöffeln, Häufchen abstechen und auf die Backbleche setzen, dabei genügend Abstand zwischen den Teighäufchen lassen. Die Backbleche nacheinander auf mittlerer Einschubleiste in den vorgeheizten Backofen schieben. Die Kekse **10–15 Minuten je Backblech backen**.
6. Die Kekse mit dem Backpapier auf Kuchenroste ziehen und erkalten lassen.

Tipp: Bei Heißluft können die beiden Backbleche zusammen in den Backofen geschoben werden.

Abwandlung vom Basisrezept

Espresso-Brocken

etwa 50 Stück · Pro Stück: E: 0,4 g, F: 3 g, Kh: 5 g, kJ: 195, kcal: 47, BE: 0,5

Zubereitungszeit: etwa 30 Minuten, ohne Abkühlzeit · *Backzeit:* 10–15 Minuten je Backblech

Zutaten: für 1 Basisrezept Rührteig (Schwarz-Weiß-Brocken, **ohne** Kakaopulver und Milch)

Zusätzlich: 2 TL Instant Espresso-Pulver · 1 TL heißes Wasser · 1 TL Puderzucker

2 Backbleche (je etwa 30 x 40 cm) · weiche Butter oder Margarine zum Einfetten · Backpapier

1. Espresso-Pulver, heißes Wasser und Puderzucker verrühren. Den Rührteig wie im Basisrezept beschrieben zubereiten, aber statt Kakao und Milch das verrührte Espresso-Pulver verwenden.
2. Den Teig wie beschrieben mit zwei Löffeln auf die vorbereiteten Backbleche setzen, im vorgeheizten Backofen backen und erkalten lassen.

Foto 1

Foto 2

Foto 3

Foto 4

Basisrezept

Spritzgebäck-Tupfen (im Foto links)

etwa 70 Stück · Pro Stück: E: 1 g, F: 4 g, Kh: 7 g, kJ: 278, kcal: 66, BE: 0,5

Zubereitungszeit: etwa 50 Minuten · *Backzeit:* etwa 15 Minuten je Backblech

Zum Garnieren: 70 g rote Belegkirschen

Für den Rührteig: 250 g weiche Butter oder Margarine · 175 g Zucker · 1 Pck. Dr. Oetker Vanillin-Zucker · 1 Ei (Größe M) · 175 g Weizenmehl (Type 405) · 175 g Speisestärke · 100 g abgezogene, gemahlene Mandeln

3 Backbleche (je etwa 30 x 40 cm) · weiche Butter oder Margarine · Backpapier

1. Backbleche in den Ecken und in der Mitte einfetten, mit Backpapier belegen.

2. Zum Garnieren die Kirschen in Viertel schneiden, dabei die Messerklinge immer wieder in heißes Wasser tauchen.

3. Butter oder Margarine in eine Rührschüssel geben und mit Handrührgerät mit Rührbesen auf höchster Stufe geschmeidig rühren. Nach und nach Zucker und Vanillin-Zucker unterrühren. So lange rühren, bis eine gebundene Masse entstanden ist. Ei unterrühren (etwa ½ Minute).

4. Mehl und Speisestärke mischen und portionsweise auf mittlerer Stufe unterrühren. Mandeln unterrühren. Den Backofen vorheizen.

   Ober-/Unterhitze: etwa 180 °C
   Heißluft: etwa 160 °C

5. Ein Drittel des Teiges in einen Spritzbeutel mit Sterntülle (Ø mind. 1 cm) füllen.
   Foto 1 Den Teig im Spritzbeutel nach unten zur Spitze drücken, dabei den Beutel oberhalb des Teiges zusammendrehen.

6. Foto 2 Tupfen (Ø etwa 4 cm) auf die Backbleche spritzen und mit je einem Kirschstück belegen. Restlichen Teig ebenso auf die Backbleche spritzen. Die Backbleche auf mittlerer Einschubleiste nacheinander in den vorgeheizten Backofen schieben. Die Kekse **etwa 15 Minuten je Backblech backen**.

7. Die Kekse mit dem Backpapier auf Kuchenroste ziehen und erkalten lassen.

Tipps: Fertig gekaufte gemahlene Nusskerne bzw. Mandeln in 2 Portionen im Zerkleinerer noch feiner mahlen. So werden evtl. vorhandene größere Stückchen zerteilt. Der Teig lässt sich dann besser durch die Spritztülle drücken.
Bei Heißluft können die 3 Backbleche zusammen in den Backofen geschoben werden.
Wenn nur ein Backblech vorhanden ist, können die Kekse auch auf einem Stück Backpapier vorbereitet werden. Dann die Kekse zum Backen auf das Backblech ziehen.

Foto 1

Foto 2

Abwandlung vom Basisrezept: Für **Spritzgebäck-Tupfen mit Haselnüssen (im Foto rechts)** den Teig wie im Basisrezept beschrieben zubereiten, dabei 10 g Kakaopulver mit dem Mehl und der Speisestärke verrühren. Zusätzlich 1 Eigelb nach dem Ei unterrühren. Statt der Mandeln 100 g gemahlene Haselnüsse unterrühren. Den Teig wie beschrieben auf die vorbereiteten Backbleche spritzen. 1 Eiweiß mit einer Gabel verquirlen. Von 100 g Haselnusskernen jeden einzeln mit der flachen Seite darin eintauchen und mit der eingetauchten Seite nach unten auf die Teigtupfen setzen. Die Kekse wie beschrieben im vorgeheizten Backofen backen und erkalten lassen.

Vanillekipferl

etwa 60 Stück · Pro Stück: E: 1 g, F: 4 g, Kh: 5 g, kJ: 234, kcal: 56, BE: 0,5

Zubereitungszeit: etwa 90 Minuten, ohne Abkühlzeit · *Backzeit:* etwa 10 Minuten je Backblech

Für den Knetteig: 200 g Weizenmehl (Type 405) · 1 Msp. Dr. Oetker Backin · 100 g Zucker · 1 Pck. Dr. Oetker Vanillin-Zucker · 2 Eigelb (Größe M) · 170 g weiche Butter oder Margarine · 100 g abgezogene, gemahlene Mandeln

Zum Bestäuben: 50 g gesiebter Puderzucker · 1 Pck. Dr. Oetker Vanillin-Zucker

3 Backbleche (je etwa 30 x 40 cm) · weiche Butter oder Margarine · Backpapier

1. Für den Teig Mehl mit Backpulver in einer Rührschüssel mischen. Zucker, Vanillin-Zucker, Eigelb, Butter oder Margarine und Mandeln dazugeben. Die Zutaten mit Handrührgerät mit Knethaken kurz auf höchster Stufe gut durcharbeiten.

2. Anschließend auf der bemehlten Arbeitsfläche mit den Händen zu einem glatten Teig verkneten. Den Teig in 2 Portionen teilen. Jede Teigportion in Frischhaltefolie wickeln und in den Kühlschrank legen.

3. Die Backbleche in den Ecken und in der Mitte einfetten, mit Backpapier belegen. Den Backofen vorheizen.

   Ober-/Unterhitze: etwa 180 °C
   Heißluft: etwa 160 °C

4. Foto 1 Eine Teigportion zu fingerdicken Rollen formen und in etwa 6 cm lange Stücke schneiden.
   Foto 2 Die Stücke an den Enden etwas dünner rollen.
   Foto 3 Die Rollen einzeln auf die Backbleche legen und zu Hörnchen formen.

5. Die 2. Teigportion auf die gleiche Weise verarbeiten. Die Backbleche auf mittlerer Einschubleiste nacheinander in den vorgeheizten Backofen schieben. Die Kipferl **etwa 10 Minuten je Backblech backen**.

6. Puderzucker und Vanillin-Zucker in eine kleine Schüssel geben und mit einem Schneebesen verrühren.

7. Die Kipferl mit dem Backpapier von den Backblechen auf Kuchenroste ziehen.
   Foto 4 Die noch warmen Kipferl mit einem Sieb mit der Puderzuckermischung bestäuben. Kipferl erkalten lassen.

Tipp: Bei Heißluft können die 3 Backbleche zusammen in den Backofen geschoben werden. Wenn nur ein Backblech vorhanden ist, können die Kipferl auch auf einem Stück Backpapier vorbereitet werden. Dann die Kipferl zum Backen auf das Backblech ziehen.

Choco-Cookies (Löffelkekse)

etwa 60 Stück · Pro Stück: E: 1 g, F: 4 g, Kh: 8 g, kJ: 313, kcal: 75, BE: 0,5

Zubereitungszeit: etwa 40 Minuten, ohne Abkühlzeit · *Backzeit:* etwa 15 Minuten je Backblech

Für den Rührteig: 100 g Vollmilch-Schokolade · 150 g weiche Butter oder Margarine · 100 g Zucker · 150 g brauner Zucker · 1 Pck. Dr. Oetker Bourbon-Vanille-Zucker · 1 Prise Salz · 2 Eier (Größe M) · 200 g Weizenmehl (Type 405) · 100 g gehackte Haselnusskerne · 1 Pck. Schokotropfen (75 g)

3 Backbleche (je etwa 30 x 40 cm) · weiche Butter oder Margarine zum Einfetten · Backpapier

1. Backbleche in den Ecken und in der Mitte einfetten, mit Backpapier belegen. Den Backofen vorheizen.

   Ober-/Unterhitze: etwa 180 °C
   Heißluft: etwa 160 °C

2. Foto 1 Die Schokolade im Zerkleinerer oder mit einem Messer fein hacken.

3. Butter oder Margarine in eine Rührschüssel geben und mit Handrührgerät mit Rührbesen auf höchster Stufe geschmeidig rühren. Nach und nach beide Zuckersorten, Vanille-Zucker und Salz unterrühren. So lange rühren, bis eine gebundene Masse entstanden ist. Eier nach und nach unterrühren (jedes Ei etwa ½ Minute).

4. Mehl in 2 Portionen auf mittlerer Stufe unterrühren. Nüsse, Schokolade und Schokotropfen unterrühren.

5. Foto 2 Den Teig mit 2 Löffeln, z. B. langstieligen Kaffeelöffeln, in walnussgroßen Häufchen auf die Backbleche setzen. Dabei genügend Platz lassen, da der Teig beim Backen etwas auseinanderläuft.

6. Die Backbleche nacheinander auf mittlerer Einschubleiste in den vorgeheizten Backofen schieben. Die Cookies **etwa 15 Minuten je Backblech backen**.

7. Die Cookies mit dem Backpapier von den Backblechen auf Kuchenroste ziehen und erkalten lassen.

Tipp: Bei Heißluft können die Backbleche zusammen in den Backofen geschoben werden.

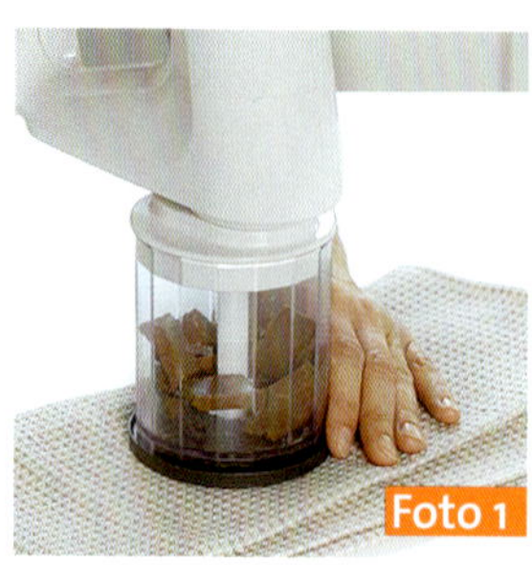
Foto 1

Foto 2

Basisrezept

Haferflocken-Nuss-Plätzchen (im Foto links)

etwa 60 Stück · Pro Stück: E: 1 g, F: 5 g, Kh: 5 g, kJ: 262, kcal: 62, BE: 0,5

Zubereitungszeit: etwa 45 Minuten, ohne Abkühlzeit · *Backzeit:* etwa 12 Minuten je Backblech

Für den Teig: 150 g blütenzarte Haferflocken · 100 g gemahlene Haselnusskerne · 50 g gehobelte Haselnusskerne · 1 EL Weizenmehl (Type 405) · 1 gestr. TL Dr. Oetker Backin · 150 g weiche Butter oder Margarine · 150 g brauner Zucker · 1 Ei (Größe M)

Zum Bestreichen und Bestreuen: 2 EL Schlagsahne · 50 g gehobelte Haselnusskerne

3 Backbleche (je etwa 30 x 40 cm) · weiche Butter oder Margarine · Backpapier

1. Haferflocken, Haselnusskerne, Mehl und Backpulver in einer Schüssel mischen.

2. Butter oder Margarine in eine Rührschüssel geben und mit Handrührgerät mit Rührbesen auf höchster Stufe geschmeidig rühren. Nach und nach Zucker unterrühren. So lange rühren, bis eine gebundene Masse entstanden ist. Ei etwa ½ Minute unterrühren. Zwei Drittel des Haferflockengemisches unterrühren.

3. Das restliche Drittel auf die Arbeitsfläche schütten. Den Teig auf die Arbeitsfläche geben.
   Foto 1 Das Haferflockengemisch mit den Händen unterkneten. Aus dem Teig mit bemehlten Händen zwei eckige Stangen (etwa 4 x 4 cm, je 20 cm Länge) formen, auf ein Schneidbrett legen, mit Frischhaltefolie zudecken und mindestens 3 Stunden in den Kühlschrank stellen.

4. Die Backbleche in den Ecken und in der Mitte einfetten, mit Backpapier belegen. Den Backofen vorheizen.

   Ober-/Unterhitze: etwa 180 °C
   Heißluft: etwa 160 °C

5. Foto 2 Die Stangen nacheinander mit einem Sägemesser in etwa ½ cm dicke Scheiben schneiden. Die Scheiben auf die Backbleche legen. Die Teigscheiben mit Sahne bestreichen und mit gehobelten Haselnüssen bestreuen.

6. Die Backbleche auf mittlerer Einschubleiste nacheinander in den vorgeheizten Backofen schieben. Plätzchen **etwa 12 Minuten je Backblech backen**.

7. Die Plätzchen mit dem Backpapier auf Kuchenroste ziehen und erkalten lassen.

Foto 1

Foto 2

Abwandlung vom Basisrezept

Haferflocken-Cranberry-Plätzchen (im Foto rechts)

etwa 60 Stück · Pro Stück: E: 1 g, F: 2 g, Kh: 6 g, kJ: 211, kcal: 50, BE: 0,5

Zubereitungszeit: etwa 45 Minuten, ohne Abkühlzeit · *Backzeit:* etwa 12 Minuten je Backblech

Für den Teig: 125 g getrocknete, gesüßte Cranberries · 200 g blütenzarte Haferflocken · 2 EL Weizenmehl (Type 405) · 1 gestr. TL Dr. Oetker Backin · 150 g weiche Butter oder Margarine · 150 g brauner Zucker · 1 Ei (Größe M)

3 Backbleche (je etwa 30 x 40 cm) · weiche Butter oder Margarine, Backpapier

1. Cranberries im Zerkleinerer oder mit einem Messer fein hacken. Den Teig wie im Basisrezept beschrieben zubereiten, dabei die Cranberries und das Mehl mit den Haferflocken und dem Backpulver verrühren.

2. Den Teig zu 2 Rollen (je etwa 20 cm Länge) formen, in Frischhaltefolie einwickeln und mindestens 3 Stunden in den Kühlschrank stellen.

3. Die Rollen nacheinander mit einem Sägemesser in ½ cm dicke Scheiben schneiden, auf die vorbereiteten Backbleche legen. Die Plätzchen wie beschrieben im vorgeheizten Backofen backen und erkalten lassen.

Zitronenherzen

etwa 100 Stück · Pro Stück: E: 0,3 g, F: 1 g, Kh: 5 g, kJ: 137, kcal: 33, BE: 0,5

Zubereitungszeit: etwa 45 Minuten, ohne Abkühlzeit · *Backzeit:* etwa 10 Minuten je Backblech

Für den Knetteig: 250 g Weizenmehl (Type 405) · 1 Msp. Dr. Oetker Backin · 100 g gesiebter Puderzucker · 1 Pck. Dr. Oetker Finesse Geriebene Zitronenschale · 150 g weiche Butter oder Margarine · 1 Eiweiß (Größe M)

Zum Bestreichen und Bestreuen: 1 Eigelb (Größe M) · 1 EL kaltes Wasser · 2 EL Hagelzucker

Für den Guss: 150 g Puderzucker · 2–3 EL Zitronensaft

3 Backbleche (je etwa 30 x 40 cm) · Backpapier

1. Für den Knetteig Mehl mit Backpulver und Puderzucker in einer Rührschüssel mischen. Zitronenschale, Butter oder Margarine und Eiweiß zugeben. **Foto 1** Die Zutaten mit Handrührgerät mit Rührbesen auf mittlerer Stufe unterarbeiten.

2. Den Teig auf eine leicht bemehlte Arbeitsfläche geben und mit den Händen zu einem glatten Teig verkneten. Den Teig zu einer Rolle formen, in Frischhaltefolie wickeln und mindestens 2 Stunden in den Kühlschrank stellen.

3. Die Backbleche mit Backpapier belegen. Den Backofen vorheizen.

   Ober-/Unterhitze: etwa 180 °C
   Heißluft: etwa 160 °C

4. Ein Drittel des Teiges auf der bemehlten Arbeitsfläche etwa 3 mm dick ausrollen.
   Foto 2 Herzen (Ø 4–5 cm) mit einer Ausstechform ausstechen und auf die Backbleche legen. Restlichen Teig auf die gleiche Weise verarbeiten. Restteig immer wieder zusammenkneten und ausrollen, bis der Teig aufgebraucht ist.

5. Zum Bestreichen und Bestreuen Eigelb und Wasser verquirlen. Die Hälfte der Plätzchen damit bestreichen und mit Hagelzucker bestreuen. Die Backbleche auf mittlerer Einschubleiste nacheinander in den vorgeheizten Backofen schieben. Die Herzen **etwa 10 Minuten je Backblech backen**.

6. Die Herzen mit dem Backpapier von den Backblechen auf Kuchenroste ziehen und erkalten lassen.

7. Für den Guss gesiebten Puderzucker mit so viel Zitronensaft verrühren, dass ein dickflüssiger Guss entsteht. Den Guss auf die Plätzchen ohne Hagelzucker streichen und trocknen lassen.

Foto 1

Foto 2

Shortbread-Scheiben

etwa 50 Stück · Pro Stück: E: 1 g, F: 4 g, Kh: 8 g, kJ: 286, kcal: 68, BE: 0,5

Zubereitungszeit: etwa 40 Minuten, ohne Kühlzeit · *Backzeit:* 10–15 Minuten je Backblech

Für den Knetteig: 300 g Weizenmehl (Type 405) · 30 g Hartweizengrieß · 120 g Zucker · 1 Pck. Dr. Oetker Vanillin-Zucker · 2 Eigelb (Größe M) · 200 g weiche Butter oder Margarine · 2 EL kaltes Wasser

Zum Bestreichen und Wälzen: Wasser · 2 EL Zucker

2 Backbleche (je etwa 30 x 40 cm) · Backpapier

1. Foto 1 Für den Teig Mehl mit Grieß mit einem Schneebesen in einer Rührschüssel verrühren. Zucker, Vanillin-Zucker, Eigelb, Butter oder Margarine und Wasser hinzufügen. Die Zutaten mit Handrührgerät mit Knethaken zunächst kurz auf niedrigster, dann auf höchster Stufe gut durcharbeiten.
2. Foto 2 Anschließend auf der leicht bemehlten Arbeitsfläche mit den Händen zu einem glatten Teig verkneten. Aus dem Teig 2 Rollen (je etwa 25 cm lang) formen.
3. Foto 3 Die Rollen auf ein Schneidbrett legen, mit Frischhaltefolie zudecken und mindestens 3 Stunden in den Kühlschrank stellen.
4. Die Backbleche mit Backpapier belegen. Den Backofen vorheizen.

   Ober-/Unterhitze: etwa 180 °C
   Heißluft: etwa 160 °C

5. Zucker auf einen Streifen Backpapier streuen. Foto 4 Die Teigrollen nacheinander erst mit Wasser bestreichen, dann mit leichtem Druck im Zucker wälzen.
6. Foto 5 Die Teigrollen nacheinander mit einem Sägemesser in etwa 1 cm dicke Scheiben schneiden. Die Scheiben auf die Backbleche legen.
7. Foto 6 Die Teigscheiben mehrfach mit einer Gabel einstechen. Die Backbleche auf mittlerer Einschubleiste nacheinander in den vorgeheizten Backofen schieben. Die Kekse **10–15 Minuten je Backblech backen**.
8. Die Kekse mit dem Backpapier von den Backblechen auf Kuchenroste ziehen und erkalten lassen.

Tipp: Bei Heißluft können die beiden Backbleche zusammen in den Backofen geschoben werden.

Foto 1

Foto 2

Foto 3

Foto 4

Foto 5

Foto 6

Knusperfrisch genießen – Brot und Brötchen aus dem eigenen Ofen

Brot und Brötchen

Brot und Brötchen

Von wegen leckeres Brot und Brötchen gibt's nur beim Bäcker.
Mit unseren Rezepten für knuspriges Brot und goldbraune Brötchen werden Sie schnell zum begeisterten Selbstbäcker.
Brot backen ist gar nicht so schwer.

Probieren Sie Dinkelbrötchen, Butterhörnchen und Flockenbrot doch einfach mal aus. Schon der unvergleichliche Duft von frisch gebackenem Brot wird Sie in ihren Bann ziehen.

Ratgeber

Brot und Brötchen

Selbst gemachtes Brot ist ein ganz besonderer Genuss. Es gibt so viele Herstellungstechniken und Zutatenvarianten, dass Sie schon bald Ihr neues Lieblingsbrot oder die schönsten Sonntagsbrötchen für sich entdecken werden.

Gesund und gut

Brot enthält nur wenig Fett, viele Vitamine und Mineralstoffe. Es ist ein guter Ballaststofflieferant. Die beiden wichtigsten Getreidearten in der Brot- und Brötchenbäckerei sind Weizen und Roggen. Von allen Mehlsorten lässt sich Weizenmehl am einfachsten backen, da es viel Kleber-Eiweiß enthält. Daher eignen sich die hellen Mehle mit niedriger Typenzahl sehr gut für Brötchen und Kleingebäck. Aus dunkleren Mehlen und Backschroten werden eher die herzhaften Brote gebacken.

Ganzes Korn – voller Geschmack

Vollkorn, Vollkornschrot und Vollkornmehle spielen beim Brotbacken eine wichtige Rolle. In ihnen stecken alle wichtigen Bestandteile für ein ballaststoffreiches Brot. Unter Vollkorn versteht man das ganze, spelzfreie, keimfähige Samenkorn unterschiedlicher Getreidearten. Vollkornschrot entsteht durch das Schroten, Quetschen und Zermahlen von Getreide. Vollkornmehl ist das mehlfein gemahlene Getreide.Backen Sie mit Vollkornmehl, kann die Menge an benötigtem Wasser für den Teig leicht schwanken.
Je nachdem, wie fein das Vollkornmehl vermahlen ist, das Sie verwenden, kann es etwas mehr oder weniger Wasser aufnehmen. Die im Rezept angegebenen Wassermengen sind deshalb ungefähre Angaben.

Gut geknetet ist schon halb gewonnen

Für Brot und Brötchen mit gleichmäßig lockerer Krume ist das Vermengen aller Zutaten wichtige Voraussetzung. Das Kneten unterstützt das Aufgehen des Brotes und die geschmackliche Entfaltung aller Zutaten. Durch den Lufteinschluss in den Teig wird das Brot schön locker. Das Kneten ist nicht jedermanns Sache, daher kann Ihnen ein Brotbackautomat diese Arbeit abnehmen.

Kraftvoller Backhelfer – der Brotbackautomat

Er kann natürlich viel mehr, als nur Kneten. Mit einem Brotbackautomaten können Sie sich in Ruhe anderen Dingen widmen, während Ihr Brot entsteht. Das ist praktisch. Die gängigen Backautomaten bieten mehrere Backprogramme und Bräunungsgrade für unterschiedliche Brotsorten und Gewichte. Über eine Zeitschaltuhr lassen sich die Programme im Voraus programmieren. Manche Geräte verfügen zusätzlich über ein Schnellbackprogramm und eine Warmhaltefunktion.

Schöne Kruste, saftige Krume – Brot

Von der Konsistenz des Teiges sollten Sie abhängig machen, ob Sie ein Kastenbrot oder besser einen runden Brotlaib backen. Weiche Teige werden in Kastenformen gebacken. Feste Teige können „frei geschoben", also auf dem Backblech gebacken werden. In einer Kastenform (30 x 11 cm) können Sie gut Brote mit einem Gewicht von 500 g oder 750 g backen. Spezielle Backformen für Brote werden in unterschiedlichen Größen und Formen angeboten.
Geben Sie den Teig in die gefettete Form **(Foto 2)**. Den Boden der Form können Sie z. B. auch mit Sonnenblumenkernen, Sesamsamen oder Haferflocken ausstreuen. Das ergibt eine attraktive und leckere Kruste. Lassen Sie den Teig in der Form vor dem Backen noch etwas ruhen bzw. ein weiteres Mal gehen. Feste Teige sollten während der Teigbereitung nochmals mit den Händen geknetet werden, damit die Krume beim Backen nicht zu fest wird.

Das Brot ist fertig – Garprobe
So stellen Sie fest, ob das Brot gar ist: Klopfen Sie das Brot an der Ober- und Unterseite mit der Hand ab. Klingt es hohl, ist das Brot fertig gebacken.

Wandelbarer Brotgeschmack
Brotteig können Sie mit vielen Zutaten kombinieren und ihm eigene Geschmacksnoten geben.
Probieren Sie doch zum Beispiel mal:
– getrocknete Feigen
– Vierkornflocken (Hafer, Gerste, Weizen, Roggen)
– Kräuter der Provence
– Röstzwiebeln
– schwarze und grüne Oliven
– Kümmel
– Bier
– gehackte TK-Kräuter
– getrocknete Tomaten

Von Semmel bis Hörnchen – Brötchen
Ob groß, klein, rund oder eckig: Brötchenteig können Sie ganz nach Belieben formen. Teilen Sie den Teig mit der Teigkarte oder einem Messer in Stücke. Nehmen Sie ein Teigstück in die bemehlten Hände, kneten es leicht durch und formen Sie es wie gewünscht. Die Teigstücke so auf dem mit Backpapier belegten Backblech anordnen, dass genügend Abstand bleibt.

Schneiden Sie die Teigstücke an der Oberfläche mit einem spitzen Messer ein. So geht der Teig schön gleichmäßig auf.
Bestreichen Sie die Oberfläche mit Wasser oder verquirltem Ei und bestreuen Sie die Teigstücke, z. B. mit Mohn- oder Sesamsamen.

Eine Hilfe beim Formen können Brötchendrücker sein. Mit den „Stempeln“ aus Kunststoff können Sie den Teig für Brötchen oder Kleingebäck leicht in Kaiserbrötchen- oder Schneckenform bringen. Formen Sie aus dem Brötchenteig Kugeln und legen diese aufs Blech. Dann den Brötchendrücker in Mehl tauchen und fest auf die Teigkugel drücken.

Foto 1

Foto 2

Backtipps für Brot und Brötchen
Hefeteig: Lassen Sie Brotteig mit Hefe bis zu dreimal gehen **(Foto 1).** Beim Gehen sollte sich das Volumen des Teigs mindestens um ein Drittel erhöht haben. Dadurch wird das Brot besonders locker. Geht der Teig dagegen zu lange, enthält die Krume zu viel Luft. Beim Backen fällt das Brot zusammen. Um das richtige Maß zu finden, können Sie anfänglich die Höhe des Teiges vor und nach der Gehzeit messen.
Temperatur/Zutatenmenge: Alle Zutaten für das Brot sollten die gleiche Temperatur haben.
Wasser und Mehl sollten so dosiert sein, dass sich der Teig locker und geschmeidig anfühlt. Er sollte gerade so feucht sein, dass er nicht mehr an den Fingern klebt.
Krosse Kruste: Der Geschmack eines Brotes oder von Brötchen wird wesentlich von der Kruste bestimmt. Damit sie schön kross wird, muss der Backofen gut abbacken, damit sich die äußere Porenschicht schließt.
Auch eine mit Wasser gefüllte, ofenfeste Schale verhilft zu einer saftigen Krume und einer festen Kruste

Aufbewahrung
Brot hält sich mehrere Tage frisch, wenn es ausgekühlt in einem Gefrierbeutel oder speziellem Brotkasten aufbewahrt wird.
Brot und Brötchen lassen sich gut in Gefrierbeuteln oder Gefrierdosen verpackt einfrieren. Günstig ist es, sie dann bei Zimmertemperatur in der Verpackung auftauen zu lassen und evtl. kurz bei Backtemperatur aufzubacken.

Basisrezept

Quarkbrötchen

etwa 16 Stück · Pro Stück: E: 6 g, F: 5 g, Kh: 24 g, kJ: 691, kcal: 165, BE: 2,0

Zubereitungszeit: etwa 35 Minuten, ohne Teiggehzeit · *Backzeit:* etwa 25 Minuten je Backblech

Für den Hefeteig: 50 g weiche Butter oder Margarine · 200 ml lauwarmes Wasser · 500 g Weizenmehl (Type 550) · 1 Pck. Dr. Oetker Trockenbackhefe · 1 TL Zucker · 1½ TL Salz · 250 g Magerquark

Zum Bestäuben: etwas Weizenmehl

Zum Bestreichen und Bestreuen: 2 EL Wasser oder Milch · 20 g Kürbiskerne · 20 g geschälte Sesamsamen · 20 g Mohnsamen

1 Backblech (etwa 30 x 40 cm) · weiche Butter oder Margarine · Backpapier

1. Foto 1 Die Butter oder Margarine in das lauwarme Wasser geben und zerlassen.
2. Foto 2 Mehl mit Hefe in einer Rührschüssel sorgfältig vermischen. Zucker, Salz, Quark und Wasser-Fett-Gemisch hinzufügen. Die Zutaten mit Handrührgerät mit Knethaken zunächst auf niedrigster, dann auf höchster Stufe in etwa 5 Minuten zu einem glatten Teig verarbeiten. Den Teig zugedeckt an einem warmen Ort so lange gehen lassen, bis er sich sichtbar vergrößert hat (etwa 30 Minuten).
3. Teig und Arbeitsfläche leicht mit Mehl bestäuben. Den Teig auf der Arbeitsfläche kurz durchkneten. Aus dem Teig eine Rolle formen, mit der Teigkarte in 16 gleich große Scheiben teilen.
4. Das Backblech in den Ecken und in der Mitte einfetten, mit Backpapier belegen. Aus den Scheiben Brötchen formen.
5. Foto 3 Dafür eine Hand kuppelförmig über die Teigscheiben legen, die Hand und den Teig darin kreisen lassen, bis aus dem Teig eine Kugel entstanden ist.
6. Teigkugeln auf das Backblech legen und zugedeckt so lange an einem warmen Ort gehen lassen, bis sie sich sichtbar vergrößert haben (15 Minuten). Den Backofen vorheizen.

   Ober-/Unterhitze: etwa 200 °C
   Heißluft: etwa 180 °C

7. Foto 4 Die Teigstücke mit Wasser oder Milch bestreichen und mit Kürbiskernen, Sesam oder Mohn bestreuen. Das Backblech auf mittlerer Schiene in den vorgeheizten Backofen schieben. Die Brötchen **etwa 25 Minuten backen**.
8. Die Brötchen vom Backpapier nehmen und auf einem Kuchenrost erkalten lassen.

Abwandlung vom Basisrezept

Dinkelbrötchen mit Rosinen (Foto S. 115)

etwa 16 Stück · Pro Stück: E: 8 g, F: 5 g, Kh: 29 g, kJ: 812, kcal: 194, BE: 2,5

Zubereitungszeit: etwa 35 Minuten, ohne Teiggehzeit · *Backzeit:* etwa 25 Minuten je Backblech

Zutaten: für Basisrezept Hefeteig (Quarkbrötchen, **ohne** Weizenmehl)

Zusätzlich: 500 g Dinkel-Vollkornmehl · 100 g Rosinen · 4 EL flüssiger Honig (60 g)

Zum Bestreichen und Bestreuen: 2 EL Wasser oder Milch

1 Backblech (etwa 30 x 40 cm) · weiche Butter oder Margarine · Backpapier

1. Den Hefeteig wie im Basisrezept beschrieben zubereiten, dabei Dinkel-Vollkornmehl anstelle von Weizenmehl verwenden. Die Rosinen und den Honig mit den restlichen Zutaten zum Mehlgemisch geben.
2. Den Teig wie beschrieben gehen lassen (1. Teiggehzeit).
3. Die Brötchen formen, auf das vorbereitete Backblech legen und nochmals gehen lassen (2. Teiggehzeit).
4. Herausstehende Rosinen in den Teig drücken und die Teigstücke mit Wasser oder Milch bestreichen. Die Brötchen wie beschrieben im vorgeheizten Backofen backen und erkalten lassen.

Butterhörnchen

10 Stück (plus 4 kleine) · Pro Stück: E: 4 g, F: 9 g, Kh: 24 g, kJ: 816, kcal: 195, BE: 2,0

Zubereitungszeit: etwa 45 Minuten, ohne Teiggehzeit · *Backzeit:* etwa 25 Minuten

Für den Hefeteig: 70 g weiche Butter · 175 ml lauwarmes Wasser · 375 g Weizenmehl (Type 550) · 1 Pck. Dr. Oetker Trockenbackhefe · ½ TL Salz · 1 EL flüssiger Honig

Zum Bestreichen und Bestäuben: 50 g Butter · 1 Eigelb (Größe M) · 1 EL Wasser oder Milch · etwas Weizenmehl

1 Backblech (etwa 30 x 40 cm) · weiche Butter oder Margarine · Backpapier

1. Butter in das lauwarmen Wasser geben und zerlassen.

2. Für den Teig Mehl mit Hefe in einer Rührschüssel sorgfältig vermischen. Salz, Honig und Wasser-Fett-Gemisch dazugeben. Die Zutaten mit Handrührgerät mit Knethaken zunächst auf niedrigster, dann auf höchster Stufe in etwa 5 Minuten zu einem glatten Teig verarbeiten.

3. Den Teig zugedeckt so lange an einem warmen Ort gehen lassen, bis er sich sichtbar vergrößert hat (etwa 30 Minuten).

4. Zum Bestreichen Butter oder Margarine zerlassen. Das Backblech in den Ecken und in der Mitte einfetten und mit Backpapier belegen.

5. Den Teig und die Arbeitsfläche leicht mit Mehl bestäuben. Den Teig auf der Arbeitsfläche kurz durchkneten und aus dem Teig eine Rolle formen.

6. **Foto 1** Den Teig zu einem Rechteck (etwa 40 x 45 cm) ausrollen.
   Foto 2 Das Rechteck mit einem Messer der Länge nach halbieren.

7. **Foto 3** Jede Teighälfte in 5 Dreiecke (je etwa 15 cm Breite) und 2 schmale Dreiecke (je etwa 7,5 cm Breite) schneiden.

8. **Foto 4** Die Dreiecke mit Butter bestreichen und von der breiten Seite zur Spitze hin locker aufrollen, zu Hörnchen formen und auf das Backblech legen. Die Hörnchen zugedeckt nochmals etwa 15 Minuten gehen lassen, bis sie sich sichtbar vergrößert haben.

9. Den Backofen vorheizen.

   Ober-/Unterhitze: etwa 200 °C
   Heißluft: etwa 180 °C

10. Eigelb mit Wasser oder Milch verquirlen und die Hörnchen damit bestreichen. Das Backblech auf mittlerer Einschubleiste in den vorgeheizten Backofen schieben. Die Hörnchen **etwa 25 Minuten backen**.

11. Die Hörnchen vom Backpapier lösen und auf einem Kuchenrost erkalten lassen.

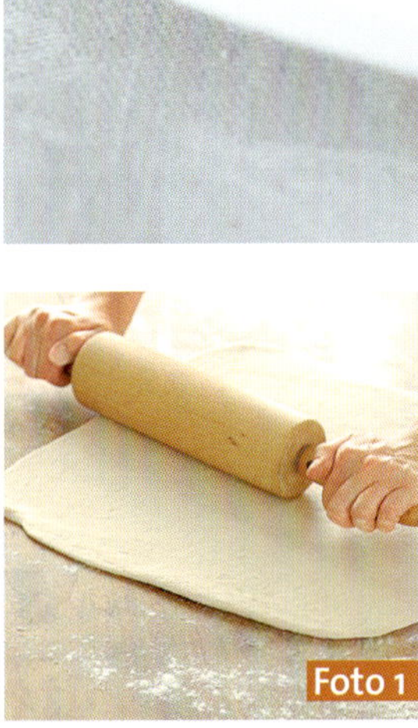

Foto 1

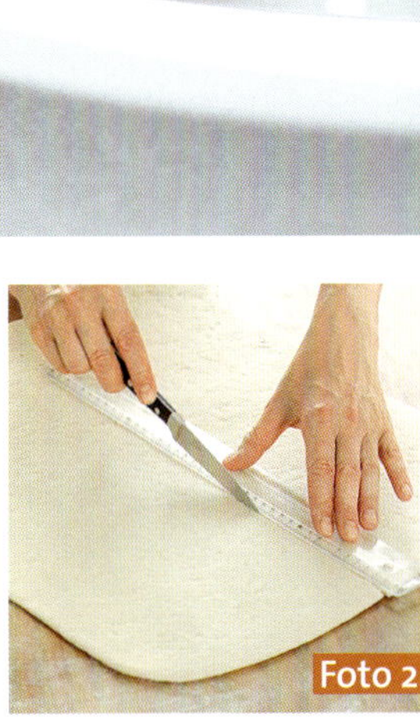

Foto 2

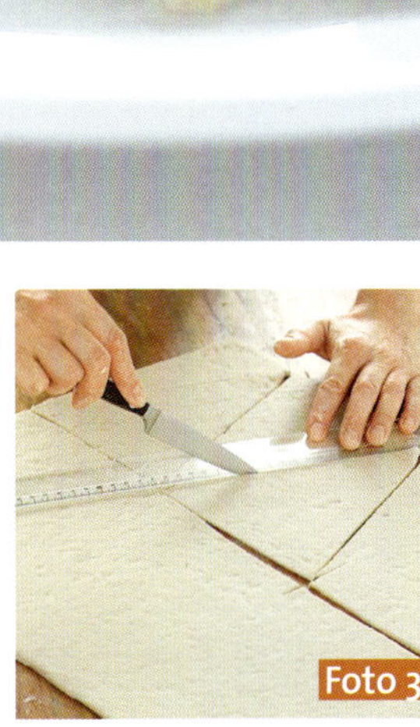

Foto 3

Foto 4

Basisrezept

Sesamringe

4 Stück · Pro Stück: E: 12 g, F: 15 g, Kh: 72 g, kJ: 1983, kcal: 473, BE: 6,0

Zubereitungszeit: etwa 40 Minuten, ohne Teiggehzeit · *Backzeit:* etwa 20 Minuten je Backblech

Für den Hefeteig: 375 g Weizenmehl (Type 550) · 1 Pck. Dr. Oetker Trockenbackhefe · 1 TL Salz · 250 ml (1/4 l) lauwarmes Wasser · 1 TL flüssiger Honig · 4 EL Speiseöl, z. B. Sonnenblumenöl

Zum Bestäuben, Bestreichen und Bestreuen: etwas Weizenmehl · 2 EL Wasser · 30 g geschälte Sesamsamen

2 Backbleche (je etwa 30 x 40 cm) · weiche Butter oder Margarine · Backpapier

1. Für den Teig Mehl mit Hefe in einer Rührschüssel sorgfältig vermischen. Restliche Teigzutaten hinzufügen, mit Handrührgerät mit Knethaken zunächst auf niedrigster, dann auf höchster Stufe in etwa 5 Minuten zu einem glatten Teig verarbeiten. Den Teig mit Mehl bestäuben und zugedeckt an einem warmen Ort so lange gehen lassen, bis er sich sichtbar vergrößert hat (etwa 30 Minuten).

2. Die Backbleche in den Ecken und in der Mitte einfetten, mit Backpapier belegen.
Foto 1 Den Teig und die Arbeitsfläche leicht mit Mehl bestäuben, den Teig auf der Arbeitsfläche kurz durchkneten, vierteln und aus jedem Viertel eine Kugel formen.

3. **Foto 2** In jede Kugel mit dem Handballen ein Loch drücken.
Foto 3 Jeden Teigring von der Mitte aus mit den Händen auseinanderziehen. Durch Drehen des Teiges gleichmäßige Ringe formen (Ø innen etwa 9 cm).

4. Jeweils 2 Ringe auf ein Backblech legen. Die Ringe zugedeckt so lange an einem warmen Ort gehen lassen, bis sie sich sichtbar vergrößert haben (etwa 15 Minuten). Den Backofen vorheizen.

Ober-/Unterhitze: etwa 200 °C
Heißluft: etwa 180 °C

5. **Foto 4** Die Ringe nacheinander mit Wasser bestreichen und mit Sesam bestreuen. Die Backbleche auf mittlerer Einschubleiste nacheinander in den vorgeheizten Backofen schieben. Die Ringe **etwa 20 Minuten je Backblech backen**.

6. Die Sesamringe vom Backpapier nehmen und auf einem Kuchenrost erkalten lassen.

Tipp: Bei Heißluft können beide Backbleche zusammen in den Backofen geschoben werden.

Abwandlung vom Basisrezept

Kümmel-Bierstangen

8 Stangen · Pro Stück: E: 6 g, F: 6 g, Kh: 38 g, kJ: 999, kcal: 238, BE: 3,0

Zubereitungszeit: etwa 40 Minuten, ohne Teiggehzeit · *Backzeit:* etwa 20 Minuten

Zutaten: für ein Basisrezept Hefeteig (Sesamringe, **ohne** Wasser)

Zusätzlich: 1 TL Kümmelsamen · 250 ml (¼ l) Bier, z. B. Pils

Zum Bestreichen und Bestreuen: 2 EL Bier · 1–2 EL Kümmelsamen

1 Backblech (etwa 30 x 40 cm) · weiche Butter oder Margarine · Backpapier

1. Den Hefeteig wie im Basisrezept beschrieben zubereiten, dabei anstelle von Wasser das Bier verwenden. Den Teig gehen lassen (1. Teiggehzeit).

2. Den Teig wie beschrieben auf der Arbeitsfläche kurz durchkneten und zu einer Rolle formen. Die Rolle mit einer Teigkarte in 8 gleich große Scheiben teilen. Jede Scheiben zu einer Stange (etwa 15 cm Länge) formen. Die Stangen auf das vorbereitete Backblech legen.

3. Die Stangen zugedeckt so lange an einem warmen Ort gehen lassen, bis sie sich sichtbar vergrößert haben (etwa 15 Minuten).

4. Die Stangen mit einem Messer jeweils 3-mal schräg einritzen, mit Bier bestreichen und mit Kümmel bestreuen. Die Stangen wie beschrieben im vorgeheizten Backofen **etwa 20 Minuten backen.**

Tipp: Anstelle von Kümmelsamen 100 g geriebenen Emmentaler-Käse auf die Stangen streuen. Die Stangen dann nicht mit Bier bestreichen.

Weißbrot

1 Brot (etwa 800 g) · Insgesamt: E: 58 g, F: 14 g, Kh: 376 g, kJ: 7897, kcal: 1884, BE: 31,5

Zubereitungszeit: etwa 30 Minuten, ohne Teiggehzeit · *Backzeit:* etwa 40 Minuten

Für den Hefeteig: 250 ml (¼ l) lauwarmes Wasser · 100 ml Milch · 500 g Weizenmehl (Type 550) · 1 Pck. Dr. Oetker Trockenbackhefe · 1 TL Zucker · 2 TL Salz

Zum Bestäuben und Bestreichen: etwas Weizenmehl · 1 EL Wasser oder Milch

1 Kastenform (etwa 30 x 11 cm) · weiche Butter oder Margarine

1. Für den Teig Wasser und Milch mischen. Mehl mit Hefe in einer Rührschüssel sorgfältig vermischen. Zucker, Salz und Wasser-Milch-Gemisch dazugeben. Die Zutaten mit Handrührgerät mit Knethaken zunächst auf niedrigster, dann auf höchster Stufe in etwa 5 Minuten zu einem glatten Teig verarbeiten.

2. **Foto 1** Den Teig mit Mehl bestäuben und zugedeckt so lange an einem warmen Ort gehen lassen, bis er sich sichtbar vergrößert hat (etwa 30 Minuten).

3. Die Kastenform einfetten. Den Teig und die Arbeitsfläche leicht mit Mehl bestäuben.
   Foto 2 Den Teig auf der Arbeitsfläche kurz durchkneten und zu einem schmalen Laib (etwa 28 cm lang) formen.
   Foto 3 Den Teig in die Form legen.

4. Den Teig zugedeckt so lange an einem warmen Ort gehen lassen, bis er sich sichtbar vergrößert hat (etwa 15 Minuten).

5. Den Backofen vorheizen.

   Ober-/Unterhitze: etwa 200 °C
   Heißluft: etwa 180 °C

6. **Foto 4** Die Teigoberfläche mit einem scharfen Messer der Länge nach etwa 1 cm tief einschneiden. Den Teig mit Wasser oder Milch bestreichen. Die Form auf dem Rost im unteren Drittel in den vorgeheizten Backofen schieben. Das Brot **etwa 40 Minuten backen.**

7. Das Brot aus der Form auf einen Kuchenrost stürzen, umdrehen und erkalten lassen.

Foto 1

Foto 2

Foto 3

Foto 4

Fladenbrot

2 Fladenbrote (je etwa 200 g) · Pro Stück: E: 15 g, F: 41 g, Kh: 95 g, kJ: 3404, kcal: 812, BE: 8,0

Zubereitungszeit: etwa 30 Minuten, ohne Teiggehzeit · *Backzeit:* 15–20 Minuten je Backblech

Für den Hefeteig: 250 g Weizenmehl (Type 550) · 1 Pck. Dr. Oetker Trockenbackhefe · 1 TL Salz · 1–2 TL getrocknete Kräuter der Provence · 150 ml lauwarmes Wasser · 1 TL flüssiger Honig · 6 EL Olivenöl

Zum Bestäuben und Bestreichen: etwas Weizenmehl · 2 EL Olivenöl

2 Backbleche (je etwa 30 x 40 cm) · weiche Butter oder Margarine · Backpapier

1. Mehl mit Hefe in einer Rührschüssel sorgfältig vermischen. Salz, Kräuter der Provence, Wasser, Honig und Olivenöl hinzufügen. Die Zutaten mit Handrührgerät mit Knethaken zunächst auf niedrigster, dann auf höchster Stufe in etwa 5 Minuten zu einem glatten Teig verarbeiten.

2. Den Teig leicht mit Mehl bestäuben und zugedeckt an einem warmen Ort so lange gehen lassen, bis er sich sichtbar vergrößert hat (etwa 30 Minuten).

3. Den Teig und die Arbeitsfläche leicht mit Mehl bestäuben. Den Teig auf der Arbeitsfläche kurz durchkneten und halbieren.

4. Die Backbleche in den Ecken und in der Mitte einfetten, mit Backpapier belegen. Den Backofen vorheizen.

   Ober-/Unterhitze: etwa 220 °C
   Heißluft: etwa 200 °C

5. Jede Teighälfte zu einem Oval (etwa 15 x 25 cm) ausrollen. Ovale auf die Backbleche legen und zugedeckt so lange an einem warmen Ort gehen lassen, bis sie sich sichtbar vergrößert haben (etwa 15 Minuten).

6. **Foto 1** Mit den Fingern Vertiefungen in den Teig drücken. **Foto 2** Den Teig mit Olivenöl bestreichen.

7. Die Backbleche auf mittlerer Einschubleiste nacheinander in den vorgeheizten Backofen schieben. Die Fladen **15–20 Minuten je Backblech backen.**

8. Das Fladenbrote vom Backpapier nehmen und auf einem Kuchenrost erkalten lassen.

Tipps: Bei Heißluft können beide Backbleche zusammen in den Backofen geschoben werden.
Wenn nur ein Backblech vorhanden ist, kann der 2. Teigfladen auch auf einem Stück Backpapier vorbereitet werden. Dann den vorbereiteten Teigfladen mit dem Backpapier auf das Backblech ziehen und backen.

Foto 1

Foto 2

Ciabatta

4 Stück (je etwa 330 g) · Pro Stück: E: 25 g, F: 6 g, Kh: 165 g, kJ: 3440, kcal: 821, BE: 14,0

Zubereitungszeit: etwa 45 Minuten, ohne Teiggehzeit · *Backzeit:* 20–25 Minuten je Backblech

Für den Hefeteig: 900 g Weizenmehl (Type 550) · 2 Pck. Dr. Oetker Trockenbackhefe · 500 ml (½ l) lauwarmes Wasser · 75 ml lauwarme Milch · 1 EL Olivenöl · 1 EL Salz

Zum Bestäuben und Bestreichen: etwas Weizenmehl · lauwarmes Wasser

2 Backbleche (je etwa 30 x 40 cm) · Backpapier

1. Für den Teig 500 g Mehl mit Hefe in einer Rührschüssel sorgfältig vermischen. Wasser, Milch, Öl und Salz hinzufügen.
2. **Foto 1** Die Zutaten mit Handrührgerät mit Knethaken zunächst auf niedrigster, dann auf höchster Stufe in etwa 5 Minuten zu einem dickflüssigen Teig verarbeiten. Den Teig mit Mehl bestäuben und zugedeckt an einem warmen Ort so lange gehen lassen, bis er sich sichtbar vergrößert hat (etwa 30 Minuten).
3. Restliches Mehl zum Teig geben und mit den Knethaken etwa 3 Minuten unterkneten. Teig zudecken und nochmals so lange gehen lassen, bis er sich sichtbar vergrößert hat (etwa 30 Minuten).
4. Den Teig und die Arbeitsfläche leicht mit Mehl bestäuben.
   Foto 2 Den Teig auf die Arbeitsfläche legen und in vier Teile teilen, aber nicht kneten.
5. **Foto 3** Jedes Teigviertel auf ein Stück Backpapier (etwa 16 x 40 cm) legen und mit den Fingern zu einem Fladen (etwa 10 x 25 cm) formen. Die Fladen zugedeckt etwa 90 Minuten gehen lassen. Der Teig geht nur wenig auf.
6. Den Backofen vorheizen.

   Ober-/Unterhitze: etwa 220 °C
   Heißluft: etwa 200 °C

7. Ein Backblech für etwa 5 Minuten zum Erhitzen in den vorgeheizten Backofen schieben. Das heiße Backblech auf einen Kuchenrost stellen.
8. **Foto 4** 2 Fladen mit dem Backpapier darauflegen. Die Fladen vorsichtig mit Wasser bestreichen und mit etwas Mehl bestäuben. Das Backblech auf mittlerer Einschubleiste in den vorgeheizten Backofen schieben. Ciabatta **20–25 Minuten backen.**
9. Verbliebene Teigfladen bis zum Backen zugedeckt lassen, dann ebenfalls auf ein heißes Backblech legen und backen.
10. Die Brote vom Backpapier nehmen und auf einem Kuchenrost erkalten lassen.

Tipp: Bei Heißluft 2 Backbleche aufheizen, je 2 Fladen darauflegen, die Backbleche zusammen in den Backofen schieben.

Abwandlung vom Basisrezept: Für **Ciabatta mit Oliven und Tomaten** zusätzlich jeweils 80 g schwarze und grüne, fein gehackte Oliven und 4 getrocknete, klein geschnittene Tomaten (in Öl eingelegt) in Punkt 2 unter den Teig kneten. Den Teig dann wie im Basisrezept beschrieben gehen lassen und im vorgeheizten Backofen backen.

Foto 1

Foto 2

Foto 3

Foto 4

Weizenmischbrot

1 Brot (etwa 800 g) · Insgesamt: E: 58 g, F: 65 g, Kh: 327 g, kJ: 8962, kcal: 2141, BE: 27,5

Zubereitungszeit: etwa 30 Minuten, ohne Teiggehzeit · *Backzeit:* 40–50 Minuten

Für den Hefeteig: 150 g Roggenmehl (Type 1150) · 350 g Weizen-Vollkornmehl · 1 Pck. Dr. Oetker Trockenbackhefe · 2 TL Salz · 300 ml lauwarmes Wasser · 1 TL flüssiger Honig · 50 ml Speiseöl, z. B. Sonnenblumenöl

Zum Bestäuben: etwas Weizenmehl

1 Kastenform (etwa 30 x 11 cm) · weiche Butter oder Margarine

1. Roggenmehl, Weizen-Vollkornmehl, Hefe und Salz in eine Rührschüssel geben und gut vermischen. Wasser, Honig und Öl hinzufügen. Die Zutaten mit Handrührgerät mit Knethaken zunächst auf niedrigster, dann auf höchster Stufe in etwa 5 Minuten zu einem glatten Teig verarbeiten.

2. Den Teig mit Mehl bestäuben und zugedeckt an einem warmen Ort so lange gehen lassen, bis er sich sichtbar vergrößert hat (etwa 30 Minuten).

3. Die Kastenform einfetten. Den Teig und die Arbeitsfläche leicht mit Mehl bestäuben. Den Teig auf der Arbeitsfläche kurz durchkneten, zu einer Rolle (etwa 28 cm lang) formen und in die Form legen.

4. **Foto 1** Den Teig mit Wasser bestreichen und mit Mehl bestäuben. Den Teig mit einem Geschirrtuch zudecken und an einem warmen Ort so lange gehen lassen, bis er sich sichtbar vergrößert hat (etwa 20 Minuten).

5. Den Backofen vorheizen.

   Ober-/Unterhitze: etwa 200 °C
   Heißluft: etwa 180 °C

6. **Foto 2** Den Teig mit einem scharfen Messer mehrfach erst längs, dann quer etwa 1 cm tief einschneiden, sodass kleine Quadrate entstehen.

7. Die Form auf dem Rost im unteren Drittel in den vorgeheizten Backofen schieben. Das Brot **40–50 Minuten backen**.

8. Das Brot aus der Form stürzen, umdrehen und auf einem Kuchenrost erkalten lassen.

Abwandlung vom Basisrezept: Für ein **Weizenmischbrot mit Sesam** 20 g Sesamsamen in Punkt 1 mit unter den Teig geben. Den Teig wie beschrieben gehen lassen. Zusätzlich in Punkt 4 nach dem Bestreichen der Teigoberfläche mit Wasser 20 g geschälte Sesamsamen daraufstreuen. Den Teig dann wie im Basisrezept beschrieben gehen lassen und im vorgeheizten Backofen backen.

Foto 1

Foto 2

Flockenbrot

1 Brot (etwa 800 g) · Insgesamt: E: 79 g, F: 42 g, Kh: 387 g, kJ: 9414, kcal: 2248 , BE: 32,0

Zubereitungszeit: etwa 35 Minuten, ohne Teiggehzeit · *Backzeit:* 40–50 Minuten

Für den Hefeteig: 450 g Dinkel-Vollkornmehl · 80 g 4-Korn-Vollkornflocken (Weizen, Roggen, Hafer, Gerste) · 1 TL Brotgewürz (erhältlich in Reformhäusern) · 1 Pck. Dr. Oetker Trockenbackhefe · 2 TL Salz · 300 ml lauwarmes Wasser · 2 EL (30 g) dunkler Zuckerrübensirup · 3 EL Speiseöl, z. B. Sonnenblumenöl

Zum Bestäuben: etwas Weizenmehl

Zum Bestreichen und Bestäuben: 2 EL Wasser · 2 EL 4-Korn-Vollkornflocken (Weizen, Roggen, Hafer, Gerste)

1 Backblech (30 x 40 cm) · weiche Butter oder Margarine · Backpapier

1. Dinkel-Vollkornmehl, 4-Korn-Flocken, Brotgewürz, Hefe und Salz in eine Rührschüssel geben und gut vermischen. Wasser, Zuckerrübensirup und Öl hinzufügen. Die Zutaten mit Handrührgerät mit Knethaken zunächst auf niedrigster, dann auf höchster Stufe in etwa 5 Minuten zu einem glatten Teig verarbeiten.
2. Den Teig mit Mehl bestäuben und zugedeckt an einem warmen Ort so lange gehen lassen, bis er sich sichtbar vergrößert hat (etwa 30 Minuten).
3. Das Backblech in den Ecken und in der Mitte einfetten und mit Backpapier belegen. Den Teig und die Arbeitsfläche mit Mehl bestäuben. Den Teig auf der Arbeitsfläche kurz kneten, zu einem runden Laib (Ø etwa 15 cm) formen. Den Laib auf das Backblech legen.
4. Den Teig mit einem Geschirrtuch zudecken und so lange an einem warmen Ort gehen lassen, bis er sich sichtbar vergrößert hat (etwa 20 Minuten).
5. Den Backofen vorheizen.

   Ober-/Unterhitze: etwa 200 °C
   Heißluft: etwa 180 °C
6. **Foto 1** Den Teig mit einem Sägemesser 3-mal etwa 2 cm tief einschneiden, mit Wasser bestreichen. **Foto 2** Den Teiglaib mit Flocken bestreuen. Das Backblech im unteren Drittel in den vorgeheizten Backofen schieben. Brot **40–50 Minuten backen**.
7. Das Brot vom Backpapier lösen und auf einem Kuchenrost erkalten lassen.

Foto 1

Foto 2

Pikante Leckerbissen

Herzhaft Gebackenes

Dass Backen nicht nur etwas für Süßschnäbel ist, wissen die Freunde von Zwiebelkuchen & Co. schon lange. Wer das Herzhafte und Pikante liebt, ist bei unseren Rezepten für Fladenkuchen und Käse-Muffins bestens aufgehoben.

Überraschen Sie Ihre Familie oder Gäste doch mal auf pikante Art.

Ratgeber

Herzhaft Gebackenes

Ob als kleine Knabberei zu Wein oder Bier, als kleiner Snack zwischendurch oder als vollständige Mahlzeit – herzhaft Gebackenes ist immer ein Genuss. Herzhaft Gebackenes harmoniert geschmacklich hervorragend mit Salz und würzigen Zutaten.

Am besten schmecken die pikanten Backwaren natürlich ganz frisch. Aber selbst tiefgefroren und aufgebacken sind sie ein Leckerbissen für Überraschungsgäste.

Hier wird's richtig würzig: Die Zutaten

Käse
Ohne Käse wären die Quiches, Teigtaschen und Snacks nur halb so gut. Käse setzt optisch und geschmacklich die wichtigsten Akzente beim pikanten Backen. Durch die unterschiedlichen Reife- und Geschmacksstufen gibt es für jedes Rezept den idealen Käse.

TIPP: Bei der Verwendung von ausgereiftem Hartkäse sollten Sie dessen höheren Salzgehalt berücksichtigen und die Teige daher vorsichtig salzen.

Besonders gut eignen sich Schafkäse, Mozzarella, Emmentaler, Appenzeller und Parmesan für herzhafte Gebäcke.

Schinken und Speck
Schinken und Speck sind wichtige Geschmacksträger in der herzhaften Bäckerei. Bei der Herstellung von Schinken und Speck spielen Salz und Rauch eine große Rolle. Daher haben diese Zutaten einen natürlichen, würzigen Geschmack. Als Belag beim Backen eignen sich die etwas fetteren Sorten besser, da die mageren Sorten leichter austrocknen können. Vorzüglich kommt magerer Parmaschinken jedoch zur Geltung, wenn Sie ihn nach dem Backen frisch auf den Kuchen oder die Gebäckteile geben. Ganz nach Belieben können Sie fetten Speck, Bacon bzw. Frühstücksspeck verwenden.

Räucherlachs und Räucherfisch
Sollten Sie kein Fleisch essen oder eine andere Variante ausprobieren wollen, können Sie den Schinken durch Räucherlachs oder Räucherfisch ersetzen.

Kräuter und Gewürze
Kräuter und Gewürze sind das i-Tüpfelchen in und auf jedem herzhaften Gebäck. Durch die vielen unterschiedlichen Aromen können Sie Ihren Backwaren immer neue oder andere Geschmacks-Nuancen verleihen. Besonders die Gewürze der Mittelmeer- und arabischen Küche geben Snacks oft erst den letzten Kick.
Bei der Verwendung von Gewürzen ist es wie mit dem Salz: Weniger ist manchmal mehr. Zu viel Schärfe oder Gewürz lässt sich nicht rückgängig machen und mindert den Geschmack. Außerdem vertragen manche Menschen überwürzte Speisen nur schlecht.

Bestens geeignete Kräuter und Gewürze sind:
- Rosmarin
- Basilikum
- Petersilie
- Paprikapulver edelsüß
- Paprikapulver rosenscharf
- Thymian
- Kümmelsamen
- Cayennepfeffer
- Brotgewürz
- TK-Kräuter oder Kräutermischungen
- Pesto

Gemüse
Was die Früchte für den Kuchen, ist das Gemüse für das pikante Gebäck. Gemüse macht optisch und geschmacklich einiges her. Durch seine Farben und Formen ist Gemüse einfach der ideale Belag für herzhafte Leckereien.
Ein weiterer Vorteil: Der hohe Wassergehalt von Gemüse verhindert, dass das Gebäck beim Backen austrocknet.
Zarte Gemüse wie Tomaten, Zucchini, Frühlingszwiebeln oder Spinat können Sie roh verarbeiten.
Da diese Gemüsesorten beim Backen sehr viel Saft abgeben können, sollten Sie diese Zutaten nach dem Abspülen immer gut trocken tupfen. Feste Gemüsesorten wie Auberginen, Bohnen und Möhren sollten Sie möglichst kurz andünsten oder in kochendem Salzwasser blanchieren.
Je kleiner Sie das Gemüse vorher schneiden, desto kürzer ist die Garzeit. Geeignet ist auch TK-Gemüse oder Gemüse aus dem Glas oder der Dose. Das verkürzt Ihre Vorbereitungszeit.

Verwenden können Sie z. B. folgende Gemüse:
- Möhren
- Zucchini
- Fenchel
- Porree (Lauch)
- Gemüsezwiebeln
- Knoblauch
- Paprika
- Cocktailtomaten
- Spargel
- Artischockenböden (Glas)
- getrocknete Tomaten
- Oliven
- Rucola
- Zwiebeln

TIPP: Wichtig bei der Verwendung mehrerer Gemüsesorten ist, dass alle Zutaten nach dem Backen gleich gar sind.

Nüsse und Samen
Ähnlich wie beim Backen von Broten und Brötchen geben Nüsse und Samen dem pikanten Gebäck zusätzlich Geschmack und Struktur. Besonders gut kommen Nüsse und Samen geschmacklich zur Geltung, wenn Sie geröstete oder gewürzte Sorten verwenden. Die Vielfalt ist groß und damit auch die Verwendungsmöglichkeiten.

Probieren Sie z. B.:
- Macadamianüsse
- Kürbiskerne
- Erdnusskerne
- Rauchmandeln
- Cashewkerne
- Sesamsamen

Gemüsekuchen mit Cocktailtomaten

etwa 8 Stücke · Pro Stück: E: 8 g, F: 16 g, Kh: 23 g, kJ: 1113, kcal: 267, BE: 1,5

Zubereitungszeit: etwa 45 Minuten · *Backzeit:* etwa 30 Minuten

Für den Belag: 200 g Porree (Lauch) · 300 g Zucchini · 3 EL Olivenöl · 1 TL gerebelter Thymian · Salz · frisch gemahlener Pfeffer · 150 g Cocktailtomaten · 2 Eier (Größe M) · 1 Becher (150 g) Crème fraîche · 4 EL Milch

Für den Quark-Öl-Teig: 200 g Weizenmehl (Type 405) · 3 gestr. TL Dr. Oetker Backin · 100 g Magerquark · 50 ml kaltes Wasser · 3 EL Olivenöl · 1 TL Salz · 1 TL Zucker

Zum Garnieren: einige Petersilienstängel

1 Tarte- oder Quicheform (Ø 26–28 cm) · weiche Butter oder Margarine

1. Für den Belag Porree putzen, der Länge nach einschneiden, gründlich waschen, abtropfen lassen und quer in etwa 2 cm breite Streifen schneiden. Zucchini abspülen, trocken tupfen, Enden abschneiden. Zucchini in etwa 1 cm große Würfel schneiden.

2. Olivenöl in einem Topf erhitzen und Porree darin bei schwacher Hitze 5 Minuten zugedeckt dünsten. Thymian und Zucchini dazugeben und zugedeckt 3 Minuten dünsten, mit Salz und Pfeffer würzen. Dann die Gemüsemischung etwa 15 Minuten abkühlen lassen.

3. Cocktailtomaten abspülen, abtrocknen und halbieren. Stängelansätze herausschneiden.

4. Die Tarte- oder Quicheform einfetten. Den Backofen vorheizen.

   Ober-/Unterhitze: etwa 200 °C
   Heißluft: etwa 180 °C

5. **Foto 1** Für den Quark-Öl-Teig Mehl mit Backpulver in einer Rührschüssel mischen. Quark, Wasser, Öl, Salz und Zucker hinzufügen.
   Foto 2 Die Zutaten mit Handrührgerät mit Knethaken verarbeiten.

6. Den Teig und die Arbeitsfläche leicht mit Mehl bestäuben. Den Teig aus der Schüssel nehmen und auf der Arbeitsfläche mit den Händen kurz zu einem glatten Teig verarbeiten. Den Teig zu einer runden Platte (Ø etwa 32 cm) ausrollen.

7. **Foto 3** Den Teig vorsichtig von 4 Seiten zur Mitte falten.

8. **Foto 4** Teig in die Form legen und in der Form auseinanderfalten. Teigränder andrücken.
   Foto 5 Den Teigboden mehrmals mit einer Gabel einstechen.

9. Gemüsemischung in der Form verteilen. Eier, Crème fraîche und Milch verquirlen, mit Salz und Pfeffer würzen und auf das Gemüse gießen.

Foto 1

Foto 2

Foto 3

Foto 4

Foto 5

Foto 6

10. **Foto 6** Tomaten mit der Schnittfläche nach oben auf dem Gemüse verteilen. Die Form auf dem Rost auf mittlerer Einschubleiste in den vorgeheizten Backofen schieben. Den Gemüsekuchen **etwa 30 Minuten backen**.

11. Die Form auf einen Kuchenrost stellen. Zum Garnieren Petersilie abspülen und trocken tupfen. Die Blättchen abzupfen und klein schneiden. Den Gemüsekuchen heiß oder kalt, mit Petersilie garniert, servieren.

Schnecken mit grüner Frischkäsefüllung

etwa 50 Stück · Pro Stück: E: 1 g, F: 2 g, Kh: 3 g, kJ: 165, kcal: 39, BE: 0,5

Zubereitungszeit: etwa 50 Minuten, ohne Kühlzeit · *Backzeit:* etwa 20 Minuten je Backblech

Für den Knetteig: 200 g Weizenmehl (Type 550) · ½ gestr. TL Dr. Oetker Backin · ½ TL Salz · 1 Ei (Größe M) · 80 g weiche Butter oder Margarine · 3 EL kaltes Wasser

Für die Füllung: 50 g grüne Oliven, ohne Stein · 1 Bund glatte Petersilie · 1 TL gerebelter Thymian · 100 g Doppelrahm-Frischkäse · 20 g Weizenmehl (Type 405) · 20 g geriebener Parmesan-Käse · frisch gemahlener Pfeffer

2 Backbleche (je etwa 30 x 40 cm) · weiche Butter oder Margarine · Backpapier

1. Für den Teig Mehl mit Backpulver in einer Rührschüssel mischen. Salz, Ei, Butter oder Margarine und Wasser hinzufügen. Die Zutaten mit Handrührgerät mit Knethaken zunächst auf niedrigster, dann auf höchster Stufe gut durcharbeiten.

2. Anschließend auf der leicht bemehlten Arbeitsfläche mit den Händen zu einem glatten Teig verkneten. Den Teig in Frischhaltefolie wickeln und etwa 1 Stunde in den Kühlschrank stellen.

3. Für die Füllung Oliven zum Abtropfen in ein Sieb geben. Petersilie abspülen und trocken tupfen. Die Blätter abzupfen und fein hacken. Oliven mit dem Messer oder im Zerkleinerer fein hacken. Oliven, Petersilie, Thymian, Frischkäse, Mehl und Parmesan-Käse in einer Schüssel mit einer Gabel vermengen, mit Pfeffer würzen.

4. Den Teig zu einem Rechteck (etwa 30 x 50 cm) ausrollen.
   Foto 1 Die Füllung kleckseweise darauf verteilen und mit einem Messer glatt streichen, dabei rundherum einen 1 cm breiten Rand frei lassen.

5. Den Teig von der Längsseite her aufrollen. Die Rolle in der Mitte quer durchschneiden. Die Rollen auf ein Schneidbrett legen, mit Frischhaltefolie zudecken und mindestens 3 Stunden in den Kühlschrank stellen.

6. Die Backbleche in den Ecken und in der Mitte einfetten, mit Backpapier belegen.

7. Den Backofen vorheizen.

   Ober-/Unterhitze: etwa 180 °C
   Heißluft: etwa 160 °C

8. **Foto 2** Die Rollen nacheinander mit einem Sägemesser in etwa 1 cm breite Scheiben schneiden. Die Scheiben auf die Backbleche legen.

9. Die Backbleche nacheinander auf mittlerer Einschubleiste in den vorgeheizten Backofen schieben. Die Schnecken **etwa 20 Minuten je Backblech backen**.

10. Die Schnecken mit dem Backpapier von den Backblechen auf Kuchenroste ziehen und erkalten lassen.

Tipp: Bei Heißluft können beide Backbleche zusammen in den Backofen geschoben werden.

Foto 1

Foto 2

Abwandlung vom Basisrezept

Schnecken mit roter Frischkäsefüllung

etwa 50 Stück · Pro Stück: E: 1 g, F: 2 g, Kh: 4 g, kJ: 166, kcal: 40, BE: 0,5

Zubereitungszeit: etwa 60 Minuten, ohne Kühlzeit · *Backzeit:* etwa 20 Minuten je Backblech

Zutaten: für 1 Basisrezept Knetteig (Schnecken mit grüner Frischkäsefüllung)

Für die Füllung: 40 g getrocknete Tomaten in Öl · 100 g Doppelrahm-Frischkäse · 2 TL Tomatenmark · 20 g Weizenmehl · 20 g geriebener Parmesan-Käse · frisch gemahlener Pfeffer

2 Backbleche (je etwa 30 x 40 cm) · weiche Butter oder Margarine · Backpapier

1. Den Knetteig wie beschrieben zubereiten und in den Kühlschrank stellen.
2. Für die Füllung Tomaten abtropfen lassen, mit einem Messer fein hacken, mit Frischkäse, Tomatenmark, Mehl und Parmesan-Käse mit einer Gabel vermengen. Die Füllung mit Pfeffer würzen.
3. Den Teig wie beschrieben ausrollen, mit der roten Füllung bestreichen, aufrollen und in den Kühlschrank stellen.
4. Die Rollen wie beschrieben in Scheiben schneiden, auf vorbereitete Backbleche legen, im vorgeheizten Backofen backen und erkalten lassen.

Käse-Muffins

12 Stück · Pro Stück: E: 9 g, F: 13 g, Kh: 16 g, kJ: 927, kcal: 221, BE: 1,5

Zubereitungszeit: etwa 15 Minuten, ohne Abkühlzeit · *Backzeit:* etwa 25 Minuten

Für den All-in-Teig: 250 g Weizenmehl (Type 405) · 3 gestr. TL Dr. Oetker Backin · ½ TL Salz · 3 Eier (Größe M) · 125 ml (⅛ l) Buttermilch · 75 ml Olivenöl · 1 TL Paprikapulver edelsüß · 200 g geriebener Emmentaler-Käse

1 Muffinform (für 12 Muffins) · weiche Butter oder Margarine zum Einfetten · Mehl zum Bestäuben

1. Die Muffinform einfetten und mit Mehl bestäuben. Den Backofen vorheizen.

   Ober-/Unterhitze: etwa 200 °C
   Heißluft: etwa 180 °C

2. **Foto 1** Für den Teig Mehl mit Backpulver in einer Rührschüssel mischen.
   Foto 2 Salz, Eier, Buttermilch und Öl hinzufügen. Die Zutaten mit Handrührgerät mit Rührbesen etwa 1 Minute zu einem glatten Teig verarbeiten.
   Foto 3 Paprikapulver und Käse hinzufügen und unterrühren.

3. **Foto 4** Den Teig mit einem Löffel in die Muffinform füllen. Die Form auf dem Rost auf mittlerer Einschubleiste in den vorgeheizten Backofen schieben. Die Muffins **etwa 25 Minuten backen**.

4. Die Form 5 Minuten auf einem Kuchenrost abkühlen lassen. Die Muffins aus der Form nehmen und auf einem mit Backpapier belegten Kuchenrost erkalten lassen.

Tipp: Die Muffins schmecken warm besonders gut.

Tomaten-Mozzarella-Muffins

12 Stück · Pro Stück: E: 9 g, F:13 g, Kh: 14 g, kJ: 878, kcal: 210, BE: 1,0

Zubereitungszeit: etwa 15 Minuten, ohne Abkühlzeit · *Backzeit:* etwa 25 Minuten

Für den All-in-Teig: 250 g Mozzarella-Käse · 75 g getrocknete Tomaten, in Öl eingelegt · 5–6 Basilikumstängel · 225 g Dinkel-Vollkornmehl · 2 gestr. TL Dr. Oetker Backin · ½–1 TL Salz · 1 Msp. frisch gemahlener Pfeffer · 3 Eier (Größe M) · 150 ml Buttermilch · 75 ml Olivenöl

1 Muffinform (für 12 Muffins) · 12 Papierbackförmchen

1. Mozzarella-Käse zum Abtropfen in ein Sieb geben. Tomaten ebenfalls in einem Sieb abtropfen lassen. **Foto 1** Mozzarella und Tomaten in etwa ½ cm kleine Würfel schneiden. Etwa 50 g von den Mozzarella-Würfeln beiseitelegen.

2. Basilikum abspülen und trocken tupfen. **Foto 2** Die Blätter von den Stängeln zupfen und in Streifen schneiden.

3. Papierbackförmchen in der Muffinform verteilen. Den Backofen vorheizen.

   Ober-/Unterhitze: etwa 200 °C
   Heißluft: etwa 180 °C

4. Für den All-in-Teig Mehl mit Backpulver in einer Rührschüssel mischen. Salz, Pfeffer, Eier, Buttermilch und Öl hinzufügen. Die Zutaten mit Handrührgerät mit Rührbesen etwa 1 Minute zu einem glatten Teig verarbeiten.

5. **Foto 3** Mozzarella-, Tomatenwürfel und Basilikumstreifen hinzufügen und kurz unterrühren.

6. Den Teig mit einem Löffel in die Papierbackförmchen füllen. Die beiseite gelegten Mozzarella-Würfel auf dem Teig verteilen.

7. Die Form auf dem Rost auf mittlerer Einschubleiste in den vorgeheizten Backofen schieben. Die Muffins **etwa 25 Minuten backen**.

8. **Foto 4** Die Form 5 Minuten auf einem Kuchenrost abkühlen lassen. Die Muffins mit den Papierbackförmchen herausnehmen und auf dem Kuchenrost erkalten lassen.

Foto 1

Foto 2

Foto 3

Foto 4

Blätterteigtaschen mit Hackfleischfüllung

12 Stück · Pro Stück: E: 8 g, F: 15 g, Kh: 14 g, kJ: 951, kcal: 227, BE: 1,0

Zubereitungszeit: etwa 25 Minuten, ohne Auftau- und Ruhezeit · *Backzeit:* etwa 20 Minuten je Backblech

Für die Hackfleischfüllung: 1 Zwiebel (40 g) · 1 große Tomate (100 g) · 2 EL Olivenöl · 300 g gemischtes Gehacktes (halb Rind-, halb Schweinefleisch) · 1 Pck. TK-Suppengrün (25 g) · Salz · frisch gemahlener Pfeffer · 1 Ei (Größe M) ·

1 Pck. TK-Blätterteig (450 g, 6 rechteckige Scheiben)

Zum Bestreichen: 1 Eigelb (Größe M) · 2 EL Milch

2 Backbleche (je 30 x 40 cm) · weiche Butter oder Margarine · Backpapier

1. Für die Füllung Zwiebel abziehen und fein würfeln. Tomate waschen, trocken tupfen, halbieren und Stängelansatz herausschneiden. Tomatenhälften entkernen und in Würfel schneiden.

2. Öl in einer Pfanne erhitzen. Zwiebelwürfel darin andünsten. Gehacktes dazugeben und 5 Minuten bei mittlerer Hitze braten, dabei die Fleischklümpchen mit dem Pfannenwender zerdrücken. Tiefgekühltes Suppengrün dazugeben und kurz miterhitzen. Gehacktes mit Salz und Pfeffer würzen und etwa 30 Minuten abkühlen lassen.

3. Die Blätterteigplatten nach Packungsanleitung auftauen lassen. Die Backbleche in den Ecken und in der Mitte einfetten, mit Backpapier belegen.

4. Das Ei unter die Füllung rühren.

5. **Foto 1** Blätterteigplatten mit einem scharfen Messer quer halbieren.
   Foto 2 Teighälften auf der bemehlten Arbeitsfläche zu Quadraten (etwa 14 x 14 cm) ausrollen.

6. Eigelb mit Milch verquirlen und die Ränder der Quadrate damit bestreichen.
   Foto 3 Auf jedes Quadrat 1 gehäuften Esslöffel der Füllung zwischen einer Teigspitze und der Mitte des Teigquadrates geben. Den Teig diagonal zusammenklappen, sodass ein Dreieck entsteht.

7. Die Ränder leicht zusammendrücken und die Kanten mit einem Messer gerade schneiden. Aufeinanderliegende Kanten mit einer Gabel zusammendrücken. Gabel zwischendurch in Mehl tauchen. Dreiecke auf die Backbleche legen und 10 Minuten ruhen lassen.

8. Den Backofen vorheizen.

   Ober-/Unterhitze: etwa 200 °C
   Heißluft: etwa 180 °C

9. **Foto 4** Die Dreiecke mit der restlichen Eigelbmilch bestreichen. Die Backbleche nacheinander auf mittlerer Einschubleiste in den vorgeheizten Backofen schieben. Die Blätterteigtaschen **etwa 20 Minuten je Backblech backen**.

10. Blätterteigtaschen mit dem Backpapier von den Backblechen auf Kuchenroste ziehen und heiß oder kalt servieren.

Tipp: Bei Heißluft können beide Backbleche zusammen in den Backofen geschoben werden.

Foto 1

Foto 2

Foto 3

Foto 4

Abwandlung vom Basisrezept

Teigtaschen mit Spinat-Schafkäse-Füllung

12 Stück · Pro Stück: E: 5 g, F: 12 g, Kh: 14 g, kJ: 769, kcal: 184, BE: 1,0

Zubereitungszeit: etwa 25 Minuten, ohne Auftau- und Ruhezeit · *Backzeit:* etwa 20 Minuten je Backblech

Für die Füllung: 1 Zwiebel (40 g) · 1 EL Speiseöl · ½ Pck. TK-Blattspinat (225 g) · Salz · frisch gemahlener Pfeffer · geriebene Muskatnuss · 6 getrocknete Tomaten in Öl (etwa 50 g) · 100 g Schafkäse ·

1 Pck. TK-Blätterteig (450 g, 6 rechteckige Scheiben)

Zum Bestreichen: 1 Eigelb (Größe M) · 2 EL Milch

2 Backbleche (je 30 x 40 cm) · weiche Butter oder Margarine · Backpapier

1. Für die Füllung Zwiebel abziehen und fein würfeln. Öl in einem Topf erhitzen. Zwiebelwürfel darin andünsten. Tiefgefrorenen Spinat dazugeben und zugedeckt bei schwacher Hitze etwa 10 Minuten auftauen lassen, dabei ab und zu umrühren. Spinat mit Salz, Pfeffer und Muskat würzen. Masse etwa 30 Minuten abkühlen lassen.

2. Den Blätterteig nach Packungsanleitung auftauen lassen. Tomaten zum Abtropfen in ein Sieb geben. Tomaten und Schafkäse in kleine Würfel schneiden, unter den Spinat mischen.

3. Die aufgetauten Blätterteigscheiben wie beschrieben halbieren, ausrollen, mit etwas Eigelbmilch bestreichen, mit der Spinat-Schafkäse-Füllung füllen, zusammenklappen und mit einer Gabel die Ränder zusammendrücken.

4. Die Teigtaschen auf vorbereitete Backbleche legen, mit der restlichen Eigelbmilch bestreichen und wie beschrieben im vorgeheizten Backofen backen.

Käsestangen

etwa 20 Stück · Pro Stück: E: 3 g, F: 7 g, Kh: 8 g, kJ: 450, kcal: 108, BE: 0,5

Zubereitungszeit: etwa 25 Minuten, ohne Auftau- und Ruhezeit · *Backzeit:* etwa 15 Minuten je Backblech

1 Pck. TK-Blätterteig (450 g)

Für den Belag: 100 g geriebener Appenzeller-Käse · Paprikapulver edelsüß · frisch gemahlener Pfeffer

Zum Bestreichen: 1 Eigelb (Größe M) · 1 EL Milch

2 Backbleche (je 30 x 40 cm) · weiche Butter oder Margarine · Backpapier

1. Den Blätterteig nach Packungsanleitung auftauen lassen. Die Backbleche in den Ecken und in der Mitte einfetten, mit Backpapier belegen.

2. Für den Belag Käse, Paprikapulver und Pfeffer in einer Schüssel mischen.

3. **Foto 1** Die Hälfte der Blätterteigscheiben aufeinanderlegen und auf der bemehlten Arbeitsfläche zu einem Rechteck (etwa 20 x 40 cm) ausrollen.

4. Eigelb mit Milch verquirlen und Blätterteig damit bestreichen.
   Foto 2 Die Hälfte der Käsemasse auf einer Teighälfte (20 x 20 cm) verteilen.
   Foto 3 Die zweite Teighälfte daraufklappen und andrücken.

5. Den Backofen vorheizen.

   Ober-/Unterhitze: etwa 200 °C
   Heißluft: etwa 180 °C

6. Blätterteigquadrat mit einem scharfen Messer in 2 cm breite Streifen schneiden.

7. **Foto 4** Die Streifen spiralförmig drehen und auf ein Backblech legen. Die Enden auf dem Backpapier andrücken. Spiralen 10 Minuten ruhen lassen.

8. Restliche Blätterteigscheiben und restliche Füllung auf die gleiche Weise verarbeiten und auf ein Backblech legen.

9. Die Teigseiten der Spiralen mit der restlichen Eigelbmilch bestreichen. Die Backbleche nacheinander auf mittlerer Einschubleiste in den vorgeheizten Backofen schieben. Die Käsestangen **etwa 15 Minuten je Backblech backen**.

10. Die Käsestangen mit dem Backpapier von den Backblechen auf Kuchenroste ziehen und erkalten lassen.

    Tipp: Bei Heißluft können beide Backbleche zusammen in den Backofen geschoben werden.

Foto 1

Foto 2

Foto 3

Foto 4

Zwiebelkuchen

etwa 8 Stücke · Pro Stück: E: 22 g, F: 32 g, Kh: 49 g, kJ: 2404, kcal: 575, BE: 3,5

Zubereitungszeit: etwa 45 Minuten, ohne Teiggehzeit · *Backzeit:* etwa 40 Minuten

Für den Hefeteig: 250 ml (¼ l) Milch · 400 g Weizenmehl (Type 550) · 1 Pck. Dr. Oetker Trockenbackhefe · 1 TL Zucker · 2 TL Salz · 4 EL Speiseöl, z. B. Olivenöl

Für den Belag: 1,5 kg Gemüsezwiebeln · 3 EL Speiseöl, z. B. Olivenöl · Salz · frisch gemahlener Pfeffer · 1 TL Kümmelsamen · 150 g durchwachsener Speck oder Frühstücksspeck (Bacon) · 200 g geriebener Emmentaler · 3 Eier (Größe M) · 1 Becher (150 g) Crème fraîche

1 Backblech (etwa 30 x 40 cm) · weiche Butter oder Margarine

1. Für den Hefeteig die Milch lauwarm erwärmen. Mehl mit Hefe in einer Rührschüssel sorgfältig vermischen. Zucker, Salz, Öl und lauwarme Milch hinzufügen.

2. Die Zutaten mit Handrührgerät mit Knethaken zunächst auf niedrigster, dann auf höchster Stufe in etwa 5 Minuten zu einem glatten Teig verarbeiten. Den Teig mit Mehl bestäuben und so lange an einem warmen Ort gehen lassen, bis er sich sichtbar vergrößert hat (etwa 20 Minuten).

3. **Foto 1** Für den Belag Gemüsezwiebeln abziehen, halbieren und in Scheiben schneiden. Öl in einer großen Pfanne oder einem Topf erhitzen.
   Foto 2 Die Zwiebeln darin 10 Minuten dünsten, mit Salz und Pfeffer würzen. Kümmel unterrühren. Die Masse etwa 20 Minuten abkühlen lassen.

4. Speck in kleine Würfel schneiden. Speckwürfel, Käse, Eier und Crème fraîche unter die Zwiebelmasse rühren, mit Salz und Pfeffer würzen.

5. Das Backblech einfetten. Den Backofen vorheizen.

   Ober-/Unterhitze: etwa 200 °C
   Heißluft: etwa 180 °C

6. Teig und Arbeitsfläche leicht mit Mehl bestäuben. Den Teig auf der Arbeitsfläche kurz durchkneten.
   Foto 3 Teig auf dem Backblech ausrollen, an den Seiten hochdrücken.
   Foto 4 Den Zwiebelbelag auf den Teig geben und verstreichen.

7. Den Teig nochmals so lange an einem warmen Ort gehen lassen, bis er sich sichtbar vergrößert hat (etwa 15 Minuten).

8. Das Backblech im unteren Drittel in den vorgeheizten Backofen schieben. Den Zwiebelkuchen **etwa 40 Minuten backen**.

9. Den Zwiebelkuchen heiß oder kalt servieren.

Foto 1

Foto 2

Foto 3

Foto 4

Fladenkuchen mit Lauch

etwa 8 Stücke · Pro Stück: E: 9 g, F: 24 g, Kh:27 g, kJ: 1506, kcal: 360, BE: 2,0

Zubereitungszeit: etwa 30 Minuten, ohne Teiggehzeit · *Backzeit:* etwa 30 Minuten

Für den Hefeteig: 250 g Weizenmehl (Type 550) · 1 Pck. Dr. Oetker Trockenbackhefe · 1 TL Salz · 150 ml lauwarmes Wasser · 1 TL flüssiger Honig · 6 EL Olivenöl

Für den Belag: 400 g Porree (Lauch) · 2 EL Speiseöl, z. B. Olivenöl · ½ TL gerebelter Thymian · Salz · frisch gemahlener Pfeffer · 250 g Schmand (24 % Fett) · 1 Ei (Größe M) · geriebene Muskatnuss · 150 g Frühstücksspeck in Scheiben (Bacon)

Zum Garnieren: einige Thymianstängel

1 Backblech (etwa 30 x 40 cm) · Backpapier

1. Für den Teig Mehl mit Hefe in einer Rührschüssel sorgfältig vermischen. Salz, Wasser, Honig und Öl hinzufügen. Die Zutaten mit Handrührgerät mit Knethaken zunächst auf niedrigster, dann auf höchster Stufe in etwa 5 Minuten zu einem glatten Teig verarbeiten.

2. Den Teig mit Mehl bestäuben und zugedeckt so lange an einem warmen Ort gehen lassen, bis er sich sichtbar vergrößert hat (etwa 30 Minuten).

3. Für den Belag Porree putzen, die Stangen längs halbieren, gründlich waschen und abtropfen lassen.
   Foto 1 Porree in etwa 2 cm breite Streifen schneiden.

4. Öl in einem Topf erhitzen. Porree darin etwa 5 Minuten dünsten. Thymian unterrühren, mit Salz und Pfeffer würzen und etwa 15 Minuten abkühlen lassen.

5. Schmand mit Ei verquirlen und mit Pfeffer und Muskat würzen. Baconscheiben längs halbieren.

6. Das Backblech mit Backpapier belegen. Teig und Arbeitsfläche leicht mit Mehl bestäuben. Den Teig auf der Arbeitsfläche kurz durchkneten und zu einem ovalen Fladen (etwa 28 x 35 cm) ausrollen. Den Teigfladen auf das Backblech legen.

7. Die Schmand-Mischung auf den Teig streichen, dabei rundherum einen 2 cm breiten Rand frei lassen.
   Foto 2 Nacheinander Lauch und Bacon auf dem Schmand verteilen.

8. Den Backofen vorheizen.

   Ober-/Unterhitze: etwa 200 °C
   Heißluft: etwa 180 °C

9. Den Fladen zugedeckt so lange an einem warmen Ort gehen lassen, bis er sich sichtbar vergrößert hat (etwa 15 Minuten).

10. Das Backblech auf mittlerer Einschubleiste in den vorgeheizten Backofen schieben. Den Fladenkuchen **etwa 30 Minuten backen**.

11. Den Fladenkuchen mit dem Backpapier vom Backblech auf einen Kuchenrost ziehen. Thymian abspülen, trocken tupfen, in kleinere Stängel zupfen und auf den Fladenkuchen legen. Den Fladenkuchen heiß oder lauwarm servieren.

Foto 1

Foto 2

Herzhafter Fladenkuchen mit Gemüse und Räucherlachs

etwa 8 Stücke · Pro Stück: E: 11 g, F: 20 g, Kh: 27 g, kJ: 1381, kcal: 330, BE: 2,0

Zubereitungszeit: etwa 30 Minuten, ohne Teiggeh- und Abkühlzeit · *Backzeit:* etwa 30 Minuten

Für den Hefeteig: 150 g Weizenmehl (Type 550) · 100 g Dinkelvollkornmehl · 1 Pck. Dr. Oetker Trockenbackhefe · 1 TL Salz · 150 ml lauwarmes Wasser · 1 TL flüssiger Honig · 6 EL Olivenöl

Für den Belag: 2 Zwiebeln (80 g) · 2 Möhren (150 g) · 1 kleine Zucchini (120 g) · 1 kleine Fenchelknolle (150 g) · 2 EL Olivenöl · Salz · frisch gemahlener Pfeffer · 250 g Schmand (Sauerrahm, 24 % Fett) · 1 Ei (Größe M) · 150 g Räucherlachs in Scheiben

1 Backblech (etwa 30 x 40 cm) · Backpapier

1. Für den Teig beide Mehlsorten mit Hefe in einer Rührschüssel sorgfältig vermischen. Salz, Wasser, Honig und Öl hinzufügen. Die Zutaten mit Handrührgerät mit Knethaken zunächst auf niedrigster, dann auf höchster Stufe in etwa 5 Minuten zu einem glatten Teig verarbeiten.

2. Den Teig mit Mehl bestäuben und zugedeckt so lange an einem warmen Ort gehen lassen, bis er sich sichtbar vergrößert hat (etwa 30 Minuten).

3. Für den Belag Zwiebeln abziehen, halbieren und in dünne Spalten schneiden. Möhren putzen, schälen, abspülen, abtropfen lassen und mit dem Sparschäler in lange, dünne Streifen schneiden.

4. Zucchini abspülen, abtrocken und die Enden abschneiden. Zucchini der Länge nach halbieren und quer in Scheiben schneiden.

5. Fenchelknolle putzen, abspülen, trocken tupfen, halbieren und in Streifen schneiden. Fenchelgrün zum Garnieren beiseitelegen.

6. Öl in einem Topf erhitzen. Zwiebeln darin etwa 5 Minuten dünsten. Möhren und Fenchel hinzufügen und kurz andünsten, Zucchini unterrühren. Gemüse mit Salz und Pfeffer kräftig würzen und etwa 15 Minuten abkühlen lassen.

7. Schmand mit Ei verquirlen, mit Salz und Pfeffer würzen.

8. Teig und Arbeitsfläche mit leicht Mehl bestäuben. Den Teig auf der Arbeitsfläche kurz durchkneten, zu einem ovalen Fladen (etwa 28 x 35 cm) ausrollen und auf das Backblech legen.

9. Die Schmand-Mischung auf den Teig streichen, dabei rundherum einen 2 cm breiten Rand frei lassen. Die Gemüsemischung auf dem Schmand verteilen.

10. Den Backofen vorheizen.

    Ober-/Unterhitze: etwa 200 °C
    Heißluft: etwa 180 °C

11. Den Fladen zugedeckt so lange an einem warmen Ort gehen lassen, bis er sich sichtbar vergrößert hat (etwa 15 Minuten).

12. Das Backblech auf mittlerer Einschubleiste in den vorgeheizten Backofen schieben. Den Fladenkuchen **etwa 30 Minuten backen**.

13. Den Fladenkuchen mit dem Backpapier vom Backblech auf einen Kuchenrost ziehen. Vor dem Servieren den Lachs auf den Fladenkuchen legen. Fenchelgrün apspülen und trocken tupfen. Den Fladenkuchen mit Fenchelgrün garnieren und heiß oder lauwarm servieren.

Kapitelregister

Kapitelregister

Alphabetisches Register

Alphabetisches Register

Für Fragen, Vorschläge oder Anregungen steht Ihnen der Verbraucherservice der Dr. Oetker Versuchsküche – Telefon: 00800 71727374
Mo.–Fr. 8:00–18:00 Uhr, Sa. 9:00–15:00 Uhr (gebührenfrei in Deutschland) oder die Mitarbeiter des Dr. Oetker Verlages
Telefon: +49 (0) 521 520645 Mo.–Fr. 9:00–15:00 Uhr zur Verfügung.

Oder schreiben Sie uns:
Dr. Oetker Verlag KG, Am Bach 11, 33602 Bielefeld oder besuchen Sie uns im Internet unter www.oetker-verlag.de oder www.oetker.de.

Umwelthinweis Dieses Buch und der Einband wurden auf chlorfrei gebleichtem Papier gedruckt. Die Einschrumpffolie – zum Schutz vor Verschmutzung – ist aus umweltfreundlichem und recyclingfähigem PE-Material.

Redaktion Andrea Gloß, Carola Reich

Redaktionelle Beratung Textkultur GmbH, Frauke Scheidemann, Gütersloh

Titelfoto Thomas Diercks (Fotostudio Diercks), Hamburg
Innenfotos Antje Plewinski, Berlin
außer Bilder S. 9–17, 20, 43, 49, 64, 65, 84, 85, 98, 99, 116, 117 (Fotostudio Diercks, Hamburg), S. 20 (Walter Cimbal, Hamburg), S. 84, 136 (Ulli Hartmann, Halle/Westf.), S. 137 (Hans-Joachim Schmidt, Hamburg)

Foodstyling Anke Rabeler, Berlin

Rezeptentwicklung und -beratung Anke Rabeler, Berlin
Eike Upmeier-Lorenz, Hamburg

Nährwertberechnungen Nutri Service, Hennef

Grafisches Konzept und Gestaltung kontur:design, Bielefeld
Titelgestaltung kontur:design, Bielefeld

Reproduktionen Repro Ludwig, Zell am See, Österreich
Satz JUNFERMANN Druck & Service, Paderborn
Druck und Bindung Firmengruppe APPL, aprinta druck, Wemding

Wir danken für die freundliche Unterstützung Leifheit AG, Nassau/Lahn

ISBN 978-3-7670-0239-5